해커스 주택관리사

주택관리사 1위 해커스
한경비즈니스 선정 2020 한국품질만족도 교육(온·오프라인 주택관리사) 부문 1위 해커스

JN406691

해커스 주택관리사 1차 핵심요약집 회계원리

핵심요약 단과강의 20% 할인쿠폰

CA6FDFBBDB7B2825

해커스 주택관리사 사이트(house.Hackers.com)에 접속 후 로그인
▶ [나의 강의실 – 결제관리 – 쿠폰 확인] ▶ 본 쿠폰에 기재된 쿠폰번호 입력

1. 본 쿠폰은 해커스 주택관리사 동영상 강의 사이트 내 2026년도 핵심요약 단과강의 결제 시 사용 가능합니다.
2. 본 쿠폰은 1회에 한해 등록 가능하며, 다른 할인수단과 중복 사용 불가합니다.
3. 쿠폰사용기한 : 2026년 9월 30일(등록 후 7일 동안 사용가능)

무료 온라인 전국 실전모의고사 응시방법

해커스 주택관리사 사이트(house.Hackers.com)에 접속 후 로그인
▶ [수강신청 – 전국 실전모의고사] ▶ 무료 온라인 모의고사 신청

* 기타 쿠폰 사용과 관련된 문의는 해커스 주택관리사 동영상강의 고객센터(1588-2332)로 연락하여 주시기 바랍니다.

해커스 주택관리사 인터넷 강의 & 직영학원

인터넷 강의
1588-2332
house.Hackers.com

강남학원
02-597-9000
2호선 강남역 9번 출구

[강남서초교육지원청 제10319호 해커스 공인중개사·주택관리사학원] | 교습과목, 교습비 등 자세한 내용은 https://house.hackers.com/gangnam/에서 확인하실 수 있습니다.

house.Hackers.com

해커스 주택관리사

주택관리사 1위 해커스
한경비즈니스 선정 2020 한국품질만족도 교육(온·오프라인 주택관리사) 부문 1위 해커스

합격을 만드는
2026 해커스 주택관리사 교재

입문서 시리즈 (2종)
- 기초용어 완벽 정리
- 쉽고 빠른 기초이론 학습

기본서 시리즈 (5종)
- 10개년 기출 분석으로 출제 포인트 예측
- 기본기를 탄탄하게 다지는 학습구성

출제예상문제집 시리즈 (5종)
- 최신 개정법령 및 출제경향 반영
- 핵심정리와 문제풀이를 한번에 잡는 실전서

핵심요약집 시리즈 (5종)
- 시험에 나오는 핵심만 압축 요약
- 최단시간, 최대효과의 7일완성 필수이론

기출문제집 시리즈 (5종)
- 최신 기출문제 유형 완벽 분석
- 쉽게 이해되는 상세한 해설 수록

체계도 (1종)
- 주택관리관계법규의 안내 표지판 역할
- 학습노트 및 최종 핵심정리 교재

1위 해커스의
모든 노하우를 담은 합격 커리큘럼

한경비즈니스 선정 2020 한국품질만족도 교육(온·오프라인 주택관리사) 부문 1위 해커스

STEP 1 기초용어 및 과목 특성파악
- 입문이론

STEP 2 과목별 기본개념 정립
- 기본이론
- 입문이론

STEP 3 과목별 이론완성
- 심화이론
- 기본이론
- 입문이론

STEP 4 핵심포인트 압축 요약정리
- 문제풀이
- 심화이론
- 기본이론
- 입문이론

STEP 5 고득점을 위한 다양한 유형학습
- 핵심요약
- 문제풀이
- 심화이론
- 기본이론
- 입문이론

STEP 6 실전 대비로 합격 마무리!
- 동형모의고사
- 핵심요약
- 문제풀이
- 심화이론
- 기본이론
- 입문이론

합격

해커스 주택관리사 **온라인서점 바로가기▶**

1588.2332

house.Hackers.com

해커스 주택관리사

주택관리사 1위 해커스
한경비즈니스 선정 2020 한국품질만족도 교육(온·오프라인 주택관리사) 부문 1위 해커스

수많은 합격생들이 증명하는
해커스 스타 교수진

관리실무	관계법규	관계법규	회계원리	민법	민법	시설개론	시설개론	회계원리	관리실무
김성환	한종민	조민수	강양구	민희열	정동섭	이강일	김건일	서상호	노병귀

합격생 송*섭 님

주택관리사를 준비하시는 분들은 해커스 인강과 함께 하면 반드시 합격합니다.
작년에 시험을 준비할 때 타사로 시작했는데 강의 내용이 어려워서 지인 추천을 받아 해커스 인강으로 바꾸고 합격했습니다. 해커스 교수님들은 모두 강의 실력이 1타 수준이기에 해커스로 시작하시는 것을 강력히 추천합니다.

합격생 송*성 님

해커스를 통해 공인중개사 합격 후, 주택관리사에도 도전하여 합격했습니다.
환급반을 선택한 게 동기부여가 되었고, 1년 만에 동차합격과 함께 환급도 받았습니다.
해커스 커리큘럼을 충실하게 따라서 공부하니 동차합격할 수 있었고,
다른 분들도 해커스커리큘럼만 따라 학습하시면 충분히 합격할 수 있을 거라 생각합니다.

1588.2332　　house.Hackers.com

해커스 주택관리사

주택관리사 1위 해커스
한경비즈니스 선정 2020 한국품질만족도 교육(온·오프라인 주택관리사) 부문 1위 해커스

오직, 해커스 회원에게만 제공되는
6가지 무료혜택!

전과목 강의 0원

스타 교수진의 최신강의
100% 무료 수강
* 7일간 제공

합격에 꼭 필요한 교재 무료배포

최종합격에 꼭 필요한
다양한 무료배포 이벤트
* 비매품

기출문제 해설특강

시험 전 반드시 봐야 할
기출문제 해설강의 무료

온라인 전국모의고사 8회분 무료
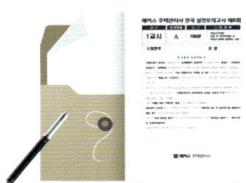
실전모의고사 8회와
해설강의까지 무료 제공

개정법령 업데이트 서비스
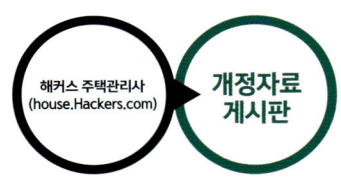
계속되는 법령 개정도
끝까지 책임지는 해커스!

무료 합격전략 설명회

한 번에 합격을 위한
해커스의 합격노하우 무료 공개

주택관리사 1위 해커스
지금 무료가입하고 이 모든 혜택 받기

1588.2332　　　　　house.Hackers.com

해커스 주택관리사

7일완성 핵심요약집

1차 회계원리

강양구

약력
- 현 | 해커스 주택관리사학원 회계원리 대표강사
  해커스 주택관리사 회계원리 동영상강의 대표강사
- 전 | 7급 세무직 회계학, 주택관리사 회계원리, 감정평가사 회계학 강사 역임
  박문각, 메가랜드, 새롬, EBS 공인중개사 강사 역임

저서
감정평가사 회계학, 한국고시회, 2001
주택관리사 회계원리, 한국고시회, 2000
공무원 회계학, 서울고시각, 2000
주택관리사 1차 기초입문서(회계원리), 해커스패스, 2025~2026
주택관리사 1차 기본서 회계원리, 해커스패스, 2025~2026
주택관리사 1차 핵심요약집 회계원리, 해커스패스, 2025~2026
주택관리사 1차 기출문제집 회계원리, 해커스패스, 2025~2026
주택관리사 1차 출제예상문제집 회계원리, 해커스패스, 2025

2026 해커스 주택관리사 1차 7일완성 핵심요약집 회계원리

초판 1쇄 발행	2026년 1월 5일
지은이	강양구, 해커스 주택관리사시험 연구소
펴낸곳	해커스패스
펴낸이	해커스 주택관리사 출판팀
주소	서울시 강남구 강남대로 428 해커스 주택관리사
고객센터	1588-2332
교재 관련 문의	house@pass.com
	해커스 주택관리사 사이트(house.Hackers.com) 1:1 수강생 상담
학원강의 및 동영상강의	house.Hackers.com
ISBN	979-11-7404-681-9 (13320)
Serial Number	01-01-01

저작권자 © 2026, 해커스 주택관리사
이 책의 모든 내용, 이미지, 디자인, 편집 형태는 저작권법에 의해 보호받고 있습니다.
서면에 의한 저자와 출판사의 허락 없이 내용의 일부 혹은 전부를 인용, 발췌하거나 복제, 배포할 수 없습니다.

주택관리사 시험 전문,
해커스 주택관리사 house.Hackers.com

해커스 주택관리사

- 해커스 주택관리사학원 및 인터넷강의
- 해커스 주택관리사 무료 온라인 전국 실전모의고사
- 해커스 주택관리사 무료 학습자료 및 필수 합격정보 제공
- 해커스 주택관리사 핵심요약 단과강의 20% 할인쿠폰 수록

서문

최적의 전략으로 합격까지 한 번에!

회계원리는 방대한 학습분량, 내용의 어려움 그리고 계산문제에 대한 부담감 때문에 많은 수험생들이 어렵게 느끼는 과목입니다. 따라서 비효율적인 학습방식을 지양하고, 시험 출제경향에 맞춘 전략적이고 집중적인 학습을 하는 것이 필요합니다.

시험에 출제되지 않는 부분을 체크하거나, 이해 없이 단순히 암기만 하는 방식은 학습효율을 떨어뜨리고 중요한 출제 포인트를 놓치게 됩니다.

본 요약집은 이러한 비효율적인 학습을 극복하고 방대한 지식을 효과적으로 습득할 수 있도록 실제 출제가 예상되는 중요내용과 가장 효율적인 학습방법을 제시하여 구성하였습니다.

1. '개념'과 '체계'

주택관리사 회계원리는 객관식으로 출제되는데, 객관식 시험에서는 무엇보다 '개념파악'이 중요합니다. 기본서를 통해 개념을 확립하고 전체 체계를 정리했다면, 핵심내용을 요약·정리한 요약집을 효율적으로 활용하여 자연스럽게 학습의 기본 토대를 단단하게 구축할 수 있습니다.

2. 문제를 통한 '유형' 파악

개념과 체계가 잡히면, 이제는 '정확히 아는 것'이 중요합니다. 여기서 정확성은 문제를 해결하여 득점할 수 있는 실질적인 능력을 의미합니다. 학습내용을 득점 능력으로 연결하기 위해서는 기출문제와 예상문제를 연계한 학습을 통해 완벽하게 파악하고 숙달해야 합니다.

3. '정리'와 '반복' 학습

산만한 지식은 시험장에서 오히려 혼란을 초래하게 됩니다. 출제가 예상되는 60~70% 정도의 핵심내용을 완벽히 정리하고 숙지하는 것이 고득점의 비결입니다. 본 요약집처럼 핵심내용이 정리된 교재를 활용하여 자주, 여러 번 '반복 또 반복' 학습함으로써 중요한 내용을 확실하게 자신의 것으로 만들어야 합니다.

더불어, 주택관리사(보) 시험 전문 **해커스 주택관리사(house.Hackers.com)**에서 제공하는 학원강의나 인터넷 동영상강의를 본 교재와 병행하여 꾸준히 학습한다면, 그 학습효과를 극대화하여 합격에 더욱 빠르게 다가설 수 있을 것입니다.

시험 준비 과정은 때로 힘든 고갯길이 될 수 있는 마라톤의 여정과 같습니다. 이 긴 여정을 지혜롭게 헤쳐나가는 데, 모쪼록 본 교재를 통한 전략적인 접근과 수험생 여러분들의 성실한 노력이 더해져, 긴 여정을 성공적으로 마무리하고 합격이라는 결실을 맺으시기를 진심으로 기원합니다.

2025년 11월
강양구, 해커스 주택관리사시험 연구소

목차

학습플랜	5	주택관리사(보) 시험안내	8
이 책의 구성	6	출제경향분석	10

제1편 재무회계

제 1 장 회계원리	14
제 2 장 재무보고를 위한 개념체계	23
제 3 장 재무제표의 표시	41
제 4 장 금융자산 I	50
제 5 장 금융자산 II	56
제 6 장 재고자산	60
제 7 장 유형자산	72
제 8 장 무형자산	85
제 9 장 투자부동산	91
제10장 부채	94
제11장 자본	103
제12장 수익과 비용	113
제13장 회계변경과 오류수정	119
제14장 현금흐름표	123
제15장 재무비율분석	129

제2편 원가·관리회계

제 1 장 원가	134
제 2 장 제품별 원가계산	139
제 3 장 CVP분석	149
제 4 장 전부원가계산 및 변동원가계산	151
제 5 장 표준원가계산	153
제 6 장 특수의사결정회계	157

학습플랜

4주완성 학습플랜 – 7일마다 한 과목씩 끝낸다!

- 한 과목씩 집중적으로 공부하고 싶은 수험생에게 추천합니다.
- 7일마다 한 과목씩 회독하고 마지막 주째에는 전체 과목을 한 번 더 회독할 수 있어 4주 동안 2회독을 할 수 있는 플랜입니다.
- 마지막 주에는 과목별 취약 파트를 중점적으로 학습해주세요.

구분	월	화	수	목	금	토	일
[1주] 회계원리	1편 1장~ 2장 5절	1편 2장 6절~4장	1편 5장~ 7장 2절	1편 7장 3절~ 10장 2절	1편 10장 3절~12장	1편 13장~ 2편 1장	2편 2장~6장
[2주] 시설개론	1편 1장~ 4장 2절	1편 4장 3절~7장	1편 8장~11장	2편 1장~3장	2편 4장~7장	2편 8장	2편 9장~10장
[3주] 민법	1편 1장~ 3장 3절 04	1편 3장 3절 05~5장 6절	1편 5장 7절~ 7장 3절	1편 7장 4절~ 2편 4장 2절	2편 4장 3절~ 3편 2장	3편 3장~ 4편 1장	4편 2장~4장
[4주] 1차 과목	회계원리	회계원리	시설개론	시설개론	민법	민법	약점과목

7일완성 학습플랜 – 2일마다 한 과목씩 끝낸다!

- 시험 직전 반복적으로 회독하고 싶은 수험생에게 추천합니다.
- 각 차수별로 7일 동안에 1회독하는 방법으로 요약집의 모든 내용을 꼼꼼하게 회독하는 것이 아닌 자주 틀리는 파트, 정확하게 이해하지 못하고 있는 파트를 중심으로 학습해주세요.

구분	월	화	수	목	금	토	일
[7일]	회계원리	회계원리	시설개론	시설개론	민법	민법	약점파트

학습이용 Tip

- 본인의 학습진도와 상황에 따라 적합한 학습플랜을 선택한 후, 매일·매주 단위의 분량을 학습합니다.
- 목표한 분량을 완료한 후에는 전체 학습진도를 스스로 점검합니다.

이 책의 구성

눈에 쏙! 빈출 파악

민법
빈출개념 TOP 30

제1편 민법총칙	민법의 법원	p.14
	권리와 의무	p.17
	신의성실의 원칙	p.21
	자연인	p.30
	법인	p.49
	권리의 객체 일반론	p.72
	법률행위의 목적	p.92
	의사표시	p.100
	법률행위의 대리	p.116
	법률행위의 무효와 취소	p.133
	법률행위의 부관(조건과 기한)	p.146
	소멸시효	p.155

① 빈출개념 TOP 30
중점을 두고 학습하여야 하는 과목별 빈출개념을 미리 파악하고, 우선순위를 두어 학습하면 최소의 시간으로 최대의 효과를 낼 수 있습니다.

개념 쏙! 이론학습

01 철근의 가공

선생님 TIP
상온에서 철근의 가공은 일반적으로 냉간가공(상온)을 원칙으로 한다.

① 지름 25mm 이하으
   열하여 가공한다.
② 원형철근의 말단부
③ 이형철근은 부착력
   경우에는 반드시
   ㉠ 기둥·보의 단
   ㉡ 대근(띠철근),

③ 선생님 TIP
압축된 이론의 이해를 돕고 학습의 길잡이가 되어 필요한 정보와 수험방향을 친절히 제시함으로써 1:1로 학습하는 효과를 느낄 수 있습니다.

---

03 감모손실과 평가손실 빈출

(1) 감모손실

① 감모손실의 계산

감모손실 = (장부상수량 - 실사수량) ×

② 감모손실의 회계처리: 매출원가 또는 기타비용
(차) 매출원가   ×××   (대) 상품
   (또는 감모손실)

② 빈출
빈출개념 TOP 30에서 제시된 본문 페이지를 바로 확인하여 빈출내용을 쉽게 찾아 연계 학습할 수 있습니다.

암기 PLUS | 상각후원가와 유효이자율법

상각후원가	금융자산이나 금융부채의 최초인식금액과 만기금액의 차액에 유효이자율법을 적용하여 계산된 상각누계액을 가감한 금액
유효이자율법	금융자산이나 금융부채의 상각후원가를 계산하고 관련 기간에 걸쳐 이자수익이나 이자비용을 배분하는 방법

개념 PLUS | 절수설비

1. 별도의 부속이나 기기를 추가로 장착하지 아니하고도 일반 제품에 비하여 물을 적게 사용하도록 생산된 수도꼭지 및 변기를 절수설비라고 한다.
2. 절수형 수도꼭지는 공급수압 98kPa에서 최대토수유량이 1분당 6ℓ 이하인 것 다만, 공중용 화장실에 설치하는 수도꼭지는 1분당 5ℓ 이하인 것이어야 한다.
3. 절수형 대변기는 공급수압 98kPa에서 사용수량이 6ℓ 이하인 것이어야 한다.

④ 암기/개념 PLUS
핵심이론 중에서도 확실하게 암기하면 좋을 내용은 암기 PLUS로 선별하였고, 이론학습에 도움이 되는 부가적인 내용은 개념 PLUS로 구성하여 설명하였습니다.

실력 쏙! 확인학습

⚡ 기출

01 (　　)은 연약한 점토지반을 굴착 할 때 굴착 배면의 토사 중량이 굴착 저면 이하의 지반지지력보다 클 때 발생하며, 굴착 저면이 부풀어 오르는 현상이다. 　제23회

기출정답
01 히빙현상

02 흙막이 공사

| 히빙현상 | ① 연약… 여… 흙… ② 널… |
| 보일링현상 | ① 투… 저… 어… ② 깊… |

⑤ 기출

기출지문 괄호 넣기를 통하여 본문 내용을 이해하였는지 바로 점검할 수 있어 학습한 내용을 효과적으로 확인할 수 있습니다.

주택관리사(보) 시험안내

주택관리사(보) 시험은 어떻게 접수하나요?

- 주택관리사 시험은 한국산업인력공단 큐넷 주택관리사(보) 홈페이지(www.Q-Net.or.kr/site/housing)에 접속하여 소정의 절차를 거쳐 원서를 접수합니다.
- 원서접수 시 최근 6개월 이내에 촬영한 탈모 상반신 사진을 파일(JPG파일, 150픽셀 × 200픽셀)로 첨부합니다.
- 1차 21,000원, 2차 14,000원(제28회 시험 기준)이며, 전자결제(신용카드, 계좌이체, 가상계좌) 방법을 이용하여 납부합니다.

주택관리사(보) 시험과목과 시험시간이 어떻게 되나요?

주택관리사 시험은 1년에 1회 시행하며, 1차 시험과 2차 시험을 다른 날에 구분하여 시행합니다.

구분	시험과목	시험범위	시험시간
1차 (3과목)	회계원리	세부과목 구분 없이 출제	09:30~11:10 (100분)
	공동주택시설개론	• 목구조·특수구조를 제외한 일반 건축구조와 철골구조, 장기수선계획 수립 등을 위한 건축적산 • 홈네트워크를 포함한 건축설비개론	
	민법	• 총칙 • 물권, 채권 중 총칙·계약총칙·매매·임대차·도급·위임·부당이득·불법행위	11:40~12:30 (50분)
2차 (2과목)	주택관리관계법규	다음의 법률 중 주택관리에 관련되는 규정 「주택법」, 「공동주택관리법」, 「민간임대주택에 관한 특별법」, 「공공주택 특별법」, 「건축법」, 「소방기본법」, 「소방시설 설치 및 관리에 관한 법률」, 「화재의 예방 및 안전관리에 관한 법률」, 「승강기 안전관리법」, 「전기사업법」, 「시설물의 안전 및 유지관리에 관한 특별법」, 「도시 및 주거환경정비법」, 「도시재정비 촉진을 위한 특별법」, 「집합건물의 소유 및 관리에 관한 법률」	09:30~11:10 (100분)
	공동주택관리실무	시설관리, 환경관리, 공동주택 회계관리, 입주자관리, 공동주거관리이론, 대외업무, 사무·인사관리, 안전·방재관리 및 리모델링, 공동주택 하자관리(보수공사 포함) 등	

* 시험과 관련하여 법률·회계처리기준 등을 적용하여 정답을 구하여야 하는 문제는 시험시행일 현재 시행 중인 법령 등을 적용하여 그 정답을 구하여야 함
* 회계처리 등과 관련된 시험문제는 한국채택국제회계기준(K-IFRS)을 적용하여 출제됨

주택관리사(보) 시험 당일 챙겨야 할 준비물이 있나요?

인정 신분증

필기구
(검정색 사인펜,
수정테이프 포함)

시계

수험증

* 인정 신분증은 제29회 주택관리사 자격시험 시행계획 공고(www.Q-Net.or.kr/site/housing)에서 꼭 확인해주세요.

최종 정답과 합격자 발표는 어떻게 확인하나요?

최종 정답 발표	인터넷(www.Q-Net.or.kr/site/housing)을 통하여 확인 가능합니다.
합격자 발표	시험시행일로부터 1차 약 1달 후, 2차 약 2달 후 한국산업인력공단 큐넷 주택관리사(보) 홈페이지(www.Q-Net.or.kr/site/housing)에서 확인 가능합니다.
합격자 결정방법	1. 제1차 시험: 과목당 100점을 만점으로 하여 모든 과목 40점 이상이고, 전 과목 평균 60점 이상의 득점을 한 사람을 합격자로 합니다. 2. 제2차 시험 • 1차 시험과 동일하나, 모든 과목 40점 이상이고 전 과목 평균 60점 이상의 득점을 한 사람의 수가 선발예정인원에 미달하는 경우 모든 과목 40점 이상을 득점한 사람을 합격자로 합니다. • 2차 시험 합격자 결정 시 동점자로 인하여 선발예정인원을 초과하는 경우 그 동점자 모두를 합격자로 결정하고, 동점자의 점수는 소수점 둘째 자리까지만 계산하며 반올림은 하지 않습니다.

출제경향분석

 **최근 7개년 동안 회계원리는 어떻게 출제되었나요?**

7개년 편별 출제비중

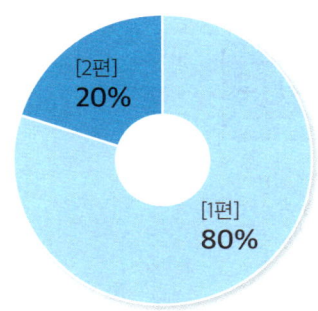

[2편] 20%
[1편] 80%

장별 출제문제 수
*평균: 최근 7개년 동안 출제된 각 장별 평균 문제 수입니다.

구분		평균*	제28회	제27회	제26회	제25회	제24회	제23회	제22회
재무회계	회계원리	4.2	5	2	4	5	4	4	5
	재무보고를 위한 개념체계	2	2	2	3	2	2	2	1
	재무제표 표시	2	2	3	2	1	3	3	
	금융자산(I)	3.3	2	3	2	3	4	4	5
	금융자산(II)	1.7	2	2	2	2	1	1	2
	재고자산	4.3	4	4	4	5	5	4	4
	유형자산	4	4	3	4	3	4	4	6
	무형자산	0.6		1			1	1	1
	투자부동산	0.9	1	1	1	1			2
	부채	2.4	3	3	3	1	3	2	2
	자본	2.1	2	2	2	4	1	2	2
	수익과 비용	1.6	2	2	2	2	1	2	
	회계변경과 오류수정	0.3					1		1
	현금흐름표	1.3	1		1	2	2	1	
	재무제표 분석	1.3	2	2	2	1		2	1
	소계	32	32	32	32	32	32	32	32
원가·관리회계	원가	1.7	2	2	2	2	1	2	1
	제품별 원가계산	1.2	1	1	1	1	2	1	1
	원가의 추정과 원가·조업도·이익분석	1.7	1	1	1	2	2	2	3
	전부원가계산과 변동원가계산	0.7	1	1	1	1			
	표준원가계산	1	1	1	1	1	1	1	1
	특수의사결정회계	1.7	2	2	2	1	1	2	2
	소계	8	8	8	8	8	8	8	8
총계		40	40	40	40	40	40	40	40

제28회 시험은 어떻게 출제되었나요?

제28회 주택관리사 회계원리 시험은 전 범위에서 기존 출제비율과 유사하게 고르게 출제되었으며, 제27회 시험과 비교하여 전반적으로 다소 수월한 난이도를 보였습니다. 그러나 일부 높은 수준의 응용력과 문제해결능력을 요구하는 문항이 포함되어 수험생들이 체감한 난이도는 실제보다 높았을 것으로 분석됩니다.

출제경향을 살펴보면, 전체 40문제 중 재무회계가 32문제(80%), 원가회계가 8문제(20%)로 구성되었습니다. 재무회계에서는 22문제가 계산문제, 10문제가 이론문제였고, 원가회계에서는 7문제가 계산문제, 1문제가 이론문제로 출제되었습니다. 특히 재고자산, 유형자산, 금융자산, 사채, 현금흐름표 등 회계의 전통적인 핵심 영역에서 다수의 문제가 출제되어 수험생들의 기본기를 점검하는 형태였습니다.

이번 시험에서 원가회계는 매우 평이하게 출제되어 이 부분을 포기하지 않은 수험생들에게는 전략적인 득점 영역이 되었습니다. 전체적으로 계산문제의 비중이 72.5%로 매우 높았기 때문에, 신속하고 정확한 계산능력이 합격의 핵심 요소로 작용했을 것입니다.

제29회 시험은 어떻게 대비해야 할까요?

편별 수험대책

1편	재무회계에서 꾸준히 반복적으로 출제되는 핵심유형이 있다는 점은 수험전략의 중요한 기준이 되므로 반복 출제되는 기본형 패턴을 완벽하게 숙달하는 것을 학습의 최우선 목표로 설정해야 합니다. **1. 학습의 우선순위 설정 및 집중 투자전략** 　학습시간의 상당 부분을 '회계순환과정', '자산'(특히 금융자산, 재고자산, 유형자산), '부채'(특히 사채), '자본'(특히 자본총계 등의 변화, 주당순이익), '수익과 비용'(특히 건설계약), '재무제표를 위한 개념체계', '재무제표 표시'에 집중적으로 투자합니다. 이 단원들은 단순히 기본이론을 이해하는 것을 넘어, 관련된 모든 기본유형을 제한시간 내에 정확히 풀 수 있도록 숙달해야 합니다. **2. 기출패턴 익히기와 자동화된 풀이과정 구축** 　응용문제가 일부 출제될 수 있지만, 대부분의 문제는 자주 접한 기본형 문제들이므로 최근 5~7개년의 기출문제를 분석하여 반복 출제되는 유형을 명확히 식별하고, 이를 집중적으로 반복 연습하는 것이 가장 효과적인 학습방법입니다. 이 단계에서는 고난도 응용문제에 대한 과도한 집착을 지양하고, 정확성과 속도를 동시에 끌어올리는 것을 목표로 문제와 풀이 과정이 거의 자동화될 수 있도록 연습하여, 제한시간 내에 정확하게 풀어낼 수 있는 계산능력을 확보하는 것이 필요합니다.
2편	원가관리회계는 제품원가계산과 의사결정회계 각 파트에서 1문제씩 꾸준히 출제되고 있습니다. **1. 전략적 선택의 필요성** 　원가관리회계는 8문제가 출제되는데, 모든 문제를 완벽하게 맞추기보다는 자신 있는 파트를 정하여 8문제 중 최소 4~5문제는 확실히 득점할 수 있도록 목표를 설정하고 준비하는 것이 효과적입니다. **2. 안정적인 출제유형에 집중** 　원가흐름, 종합원가계산, 원가배분, CVP분석, 표준원가 차이분석, 단기적 특수의사결정, 예산 등은 매년 꾸준히 출제되는 유형이므로 철저한 학습이 요구됩니다.

회계원리 빈출개념 TOP 30

제1편 **재무회계**	회계감사의견의 종류	p.14
	결산수정분개	p.18
	유용한 재무정보의 질적 특성	p.27, p.29
	재무제표 표시에 관한 일반사항	p.42
	현금 및 현금성자산의 종류	p.50
	은행계정조정표	p.51
	매출채권의 손상 및 어음의 할인	p.52, p.54
	지분상품의 후속측정	p.57
	기말재고자산에 포함할 항목	p.63
	단가결정방법	p.64
	추정에 의한 재고자산 평가	p.67
	유형자산의 최초측정과 후속측정	p.72, p.81
	감가상각	p.77
	유형자산처분손익	p.83
	무형자산	p.85, p.86, p.88, p.89
	투자부동산의 구분과 후속측정	p.91, p.92
	충당부채, 우발부채 및 우발자산	p.95
	사채(상각후원가측정 금융부채)	p.99
	자기주식과 자본조정	p.106, p.107
	주당이익	p.111
	건설계약	p.116
	회계추정의 변경	p.120
	현금흐름의 분류 및 계산	p.124, p.126
	재무비율분석	p.129
제2편 **원가·관리회계**	원가의 흐름 / 제조간접원가 배부 / 부문별 원가계산	p.138, p.140, p.141
	종합원가계산	p.144
	CVP분석의 계산방법	p.149
	전부원가계산 및 변동원가계산	p.151
	표준원가계산 및 고정제조간접원가 차이분석	p.154
	특수의사결정회계	p.157, p.159, p.161

회계원리에서 자주 출제되는 개념들을 정리하였습니다. **빈출** 표시가 되어 있는 부분을 중점적으로 학습하세요.

2026 해커스 주택관리사(보)
7일완성 핵심요약집
house.Hackers.com

제1편

재무회계

제 1 장 회계원리
제 2 장 재무보고를 위한 개념체계
제 3 장 재무제표의 표시
제 4 장 금융자산 I
제 5 장 금융자산 II
제 6 장 재고자산
제 7 장 유형자산
제 8 장 무형자산
제 9 장 투자부동산
제10장 부채
제11장 자본
제12장 수익과 비용
제13장 회계변경과 오류수정
제14장 현금흐름표
제15장 재무비율분석

제1장 회계원리

기본서 p.20~61

⚡ 기출

01 감사인이 충분하고 적합한 감사증거를 입수한 결과, 왜곡표시가 재무제표에 개별적으로 또는 집합적으로 중요하나 전반적이지는 않다고 결론을 내리는 것은 (　　) 이다. 　제28회

02 감사인이 감사의견의 근거가 되는 충분하고 적합한 감사증거를 입수할 수 없었지만, 발견되지 아니한 왜곡표시가 재무제표에 미칠 수 있는 영향이 중요할 수는 있으나 전반적이지는 않을 것으로 결론을 내리는 경우는 (　　)이다. 　제28회

03 감사인이 충분하고 적합한 감사증거를 입수한 결과, 왜곡표시가 재무제표에 개별적으로 또는 집합적으로 중요하며 동시에 전반적이라고 결론을 내리는 것은 (　　)이다. 　제28회

제1절 회계감사

01 정의와 목적

기업이 작성한 재무제표의 신뢰성과 객관성을 검증하기 위하여 외부감사인이 그 적정성을 검토하여 의견표명을 하는 것을 말한다.

02 감사의견의 종류 〔빈출〕

적정의견	감사범위(의견표명에 필요한 충분한 증거의 수집)의 중요한 제한이나 회계기준의 중요한 위배 없이 적정하게 작성된 경우
한정의견	의견불일치(회계기준 위배)나 감사범위의 제한에 따른 영향이 중요하지만 전반적이지 않으며 부분적인 경우
부적정의견	한국채택국제회계기준을 위배한 정도가 커서 재무제표가 중대한 영향을 받았을 경우
의견거절	감사범위 제한의 영향이 매우 중요하고 전반적이어서 충분하고 적합한 감사증거를 획득할 수 없는 경우

★ 암기 PLUS | 감사의견의 종류

구분	재무제표에 미치는 영향			
	적정의견	한정의견	부적정의견	의견거절
회계기준의 위배성	중요 ×	중요 (전반적 ×)	매우 중요	중요 ×
감사범위의 제한	중요 ×	중요 (전반적 ×)	중요 ×	매우 중요

기출정답
01 한정의견
02 한정의견
03 부적정의견

제2절 회계의 순환과정

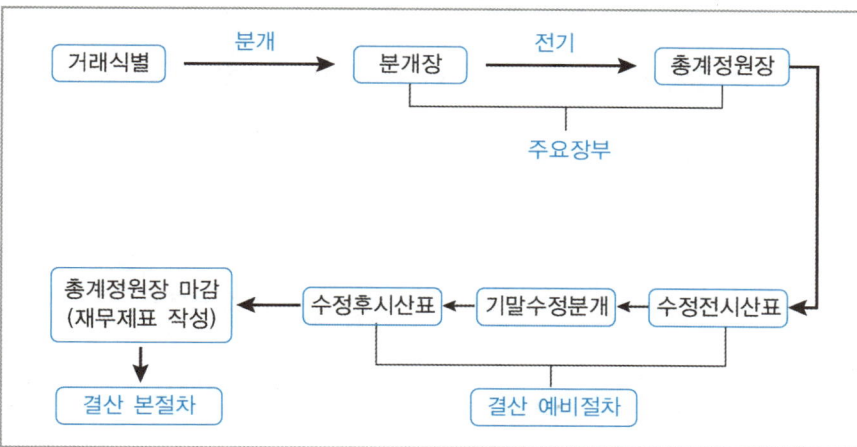

회계순환과정

> **기출**
>
> **01** 사무실을 임차하기로 계약하고 보증금 ₩30,000을 지급한 것은 ( )상 거래이다. 제28회
>
> **02** 상품을 ₩20,000에 판매하였으나 그 대금은 나중에 받기로 한 것은 ( )상 거래이다. 제28회

01 회계상의 거래

정의	회계상의 거래란 기업의 자산·부채 및 자본의 화폐금액상의 증감변화를 가져오는 경제적 사건을 말한다.
요건	거래의 요건 = ① 재무상태의 변동 + ② 화폐금액 측정 가능
회계상의 거래가 아닌 것	① 상품 등의 주문 ② 각종 계약(매매계약, 임대차계약, 고용계약 등) 체결 ③ 상품매매의 위탁(또는 수탁) ④ 담보의 제공 ⑤ 경영자의 사임·사망 ⑥ 주식분할, 주식병합 ⑦ 무상주를 받은 경우, 주식배당을 받은 경우 등

기출정답

01 회계
02 회계

02 이익측정방법 - 자본유지접근법(재산법)

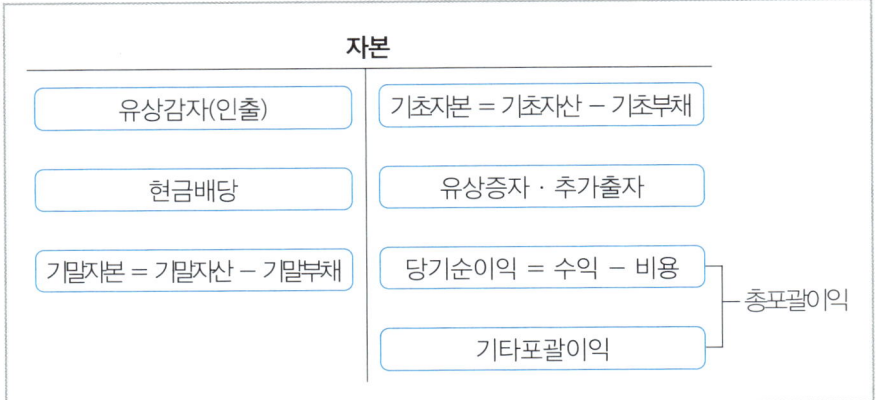

+ 무상증자나 주식배당은 자본의 불변항목이므로 고려하지 않는다.

확인예제

(주)한국의 20×1년 기초자산총액은 ₩110,000이고, 기말자산총액과 기말부채총액은 각각 ₩150,000과 ₩60,000이다. 20×1년 중 현금배당 ₩10,000을 결의하고 지급하였으며, ₩25,000을 유상증자하였다. 20×1년도 당기순이익이 ₩30,000일 때, 기초부채총액은?

① ₩60,000
② ₩65,000
③ ₩70,000
④ ₩75,000
⑤ ₩80,000

해설

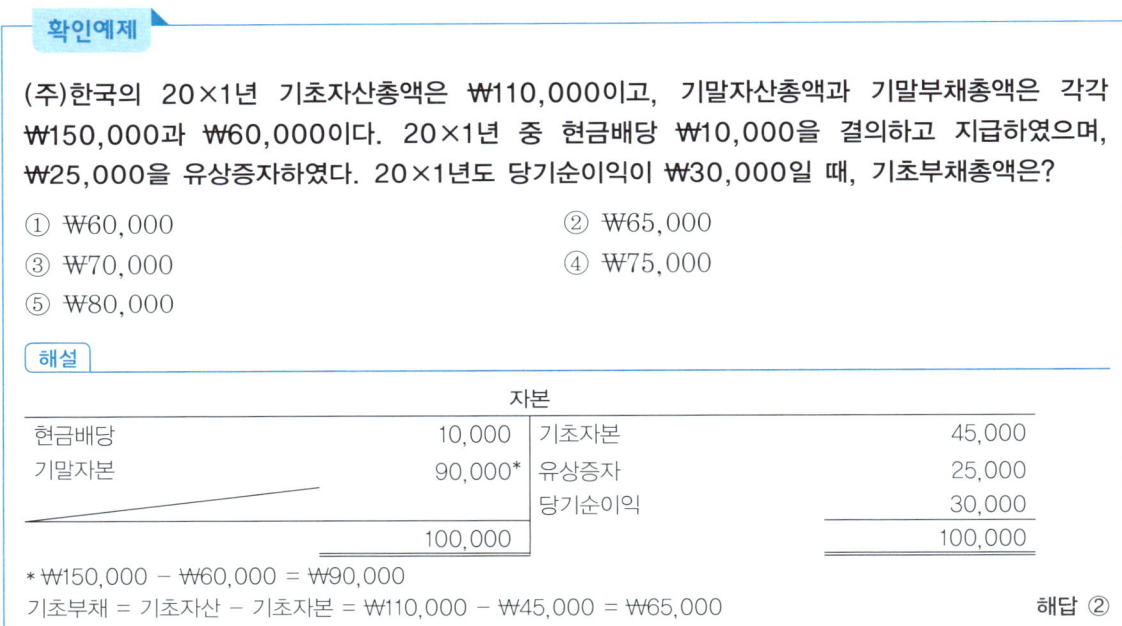

* ₩150,000 - ₩60,000 = ₩90,000
기초부채 = 기초자산 - 기초자본 = ₩110,000 - ₩45,000 = ₩65,000

해답 ②

제3절 결산

01 결산절차

수정전시산표
⇩
결산수정분개
⇩
수정후시산표
⇩
재무제표 작성
⇩
장부의 마감

정산표

1. 총계정원장 마감
   (1) 포괄손익계산서계정 마감: 자본으로 대체
      ① 당기손익계정 ⇨ 집합손익계정 ⇨ 이익잉여금계정
      ② 기타포괄손익계정 ⇨ 기타포괄손익누계액계정
   (2) 재무상태계정 마감: 차기이월
2. 분개장 및 보조장부 마감

02 시산표

의의	① 시산표는 총계정원장의 모든 계정과목의 금액(잔액 또는 합계액)을 집계한 표이다. ② 시산표는 재무상태표와 포괄손익계산서를 시험적으로 작성한 표로 선택적 절차이다. ③ 시산표는 대차평균의 원리에 따라 장부기록의 정확성(오류)을 검증할 수 있다.	
종류	수정전시산표	자산, 부채, 자본, 수익, 비용
	수정후시산표	자산, 부채, 자본, 수익, 비용
	이월시산표	자산, 부채, 자본
등식	기말자산 + 총비용 = 기말부채 + 기초자본 + 총수익	
잔액시산표 계정	차변잔액계정	자산계정, 비용계정, 부채차감계정(사채할인발행차금 등)
	대변잔액계정	부채계정, 자본계정, 수익계정, 자산차감계정(감가상각누계액, 손실충당금, 손상차손누계액 등), 부채가산계정(사채할증발행차금 등)

⚡기출

01 주요장부에는 ( )과 총계정원장이 있다. 제19회

02 시산표는 결산이전의 오류를 검증하는 절차로 원장 및 분개장과 달리 ( ) 사항이 아니다. 제20회

03 투자부동산계정은 수정후시산표의 각 계정잔액이 존재한다고 가정할 경우, 장부마감 후 다음 회계연도에 ( )으로 이월되는 계정과목이다. 제24회

선생님 TIP

시산표에서는 대차평균의 원리, 잔액시산표의 등식, 시산표상의 오류유형 그리고 수정후시산표의 합계에 영향을 주지 않는 수정사항의 구분이 중요하다.

⚡기출

04 시산표의 차변합계액과 대변합계액이 일치하는 경우에도 계정기록의 오류가 존재할 수 ( ). 제19회

05 차입금 상환에 대해 분개를 한 경우, 차입금계정에는 전기를 하였으나 현금계정에는 전기를 누락하였다면 시산표의 차변금액이 대변금액보다 ( ) 나타나는 오류에 해당한다. 제23회

기출정답
01 분개장
02 필수적
03 차변
04 있다
05 크게

잔액시산표 합계액 영향	① 영향이 있는 거래: 차변잔액계정과 대변잔액계정간의 결합 ② 영향이 없는 거래: 차변잔액계정간의 결합 또는 대변잔액계정간의 결합(선급비용, 선수수익, 소모품 결산수정)
장부기록 오류	① 시산표상 발견할 수 있는 오류: 차변과 대변이 불일치하는 오류 ② 시산표상 발견할 수 없는 오류: 차변과 대변이 일치하는 오류

03 결산수정분개 빈출

(1) 선급비용(선급임차료, 선급이자, 선급보험료)

구분		비용처리법		자산처리법	
		차변	대변	차변	대변
기중 현금지급시		비용 ×××	현금 ×××	선급비용 ×××	현금 ×××
수정분개	① 차기분 (미경과분)	선급비용 ×××	비용 ×××	–	
	② 당기분 (경과분)	–		비용 ×××	선급비용 ×××

확인예제

01 (주)한국은 20×1년 8월 1일 화재보험에 가입하고, 향후 1년간 보험료 ₩12,000을 전액 현금지급하면서 선급보험료로 회계처리하였다. 동 거래와 관련하여 (주)한국이 20×1년 말에 수정분개를 하지 않았을 경우, 20×1년 말 재무상태표에 미치는 영향은? (단, 보험료는 월할계산한다)

	자산	부채	자본
①	₩5,000(과대)	영향 없음	₩5,000(과대)
②	₩15,000(과대)	₩5,000(과대)	영향 없음
③	₩7,000(과대)	영향 없음	₩7,000(과대)
④	₩7,000(과대)	₩7,000(과대)	영향 없음
⑤	영향 없음	₩7,000(과소)	₩7,000(과대)

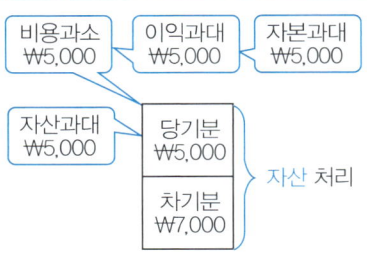

해답 ①

02 (주)한국은 20×1년 8월 1일 화재보험에 가입하고, 향후 1년간 보험료 ₩12,000을 전액 현금지급하면서 선급보험료로 회계처리하였다. 동 거래와 관련하여 (주)한국이 20×1년 말에 수정분개를 한 경우, 20×1년 말 재무상태표에 미치는 영향은? (단, 보험료는 월할계산한다)

	자산	부채	자본
①	₩5,000(감소)	영향 없음	₩5,000(감소)
②	₩5,000(감소)	₩5,000(감소)	영향 없음
③	₩7,000(감소)	영향 없음	₩7,000(감소)
④	₩7,000(증가)	₩7,000(증가)	영향 없음
⑤	영향 없음	₩7,000(증가)	₩7,000(감소)

해설

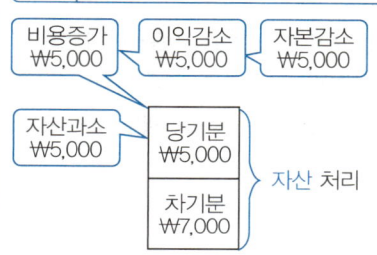

해답 ①

03 (주)한국은 20x1년 8월 1일 화재보험에 가입하고, 향후 1년간 보험료 ₩12,000을 전액 현금지급하면서 보험료로 회계처리하였다. 동 거래와 관련하여 (주)한국이 20x1년 말에 수정분개를 하지 않았을 경우, 20x1년 말 재무상태표에 미치는 영향은? (단, 보험료는 월할계산한다)

	자산	부채	자본
①	₩7,000(과대)	영향 없음	₩7,000(과대)
②	₩5,000(과대)	₩5,000(과대)	영향 없음
③	₩7,000(과소)	영향 없음	₩7,000(과소)
④	₩5,000(과소)	₩5,000(과소)	영향 없음
⑤	영향 없음	₩7,000(과소)	₩7,000(과대)

해설

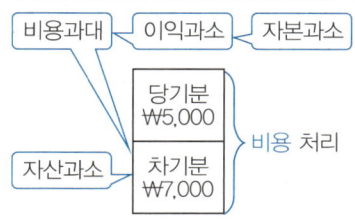

해답 ③

(2) 선수수익(선수임대료, 선수이자)

구분		수익처리법		부채처리법	
		차변	대변	차변	대변
기중 현금수취시		현금 ×××	수익 ×××	현금 ×××	선수수익 ×××
수정분개	③ 차기분 (미경과분)	수익 ×××	선수수익 ×××	–	
	④ 당기분 (경과분)	–		선수수익 ×××	수익 ×××

> **확인예제**

01 (주)한국은 20×1년 4월 1일 향후 1년간(20×1년 4월 1일~20×2년 3월 31일) (주)대한에 창고를 임대하고 그 대가로 ₩1,200(1개월 ₩100)을 현금으로 받아 수익으로 회계처리하였다. 이 거래와 관련하여 (주)한국이 20×1년 말에 수정분개를 하지 않았을 경우, 기말 재무제표에 미치는 영향으로 옳지 않은 것은?

① 부채가 ₩300 과소계상된다.
② 자산에 미치는 영향은 없다.
③ 자본이 ₩300 과대계상된다.
④ 비용에 미치는 영향은 없다.
⑤ 수익이 ₩300 과대계상된다.

> 해설

해답 ①

02 (주)한국은 20×1년 10월 1일부터 1년간 상가를 임대하면서 동 일자에 향후 1년분 임대료 ₩6,000을 현금 수령하고 전액 선수임대료로 회계처리하였다. 수정분개를 하지 않았을 경우, (주)한국의 20×1년 재무제표에 미치는 영향은? (단, 임대료는 월할계산한다)

① 기말부채 ₩1,500 과대계상
② 기말부채 ₩4,500 과대계상
③ 당기순이익 ₩1,500 과대계상
④ 당기순이익 ₩4,500 과대계상
⑤ 당기순이익 ₩6,000 과대계상

해답 ①

(3) 미지급비용(미지급임차료, 미지급이자, 미지급급여)

기중 회계처리		-			
수정분개	⑤ 당기분	(차) 비용	×××	(대) 미지급비용	×××

(4) 미수수익(미수임대료, 미수이자)

기중 회계처리		-			
수정분개	⑥ 당기분	(차) 미수수익	×××	(대) 수익	×××

(5) 소모품비의 결산수정

구분		비용처리법		자산처리법	
		차변	대변	차변	대변
기중 구입시		소모품비 ×××	현금 ×××	소모품 ×××	현금 ×××
수정분개	⑦ 미사용분	소모품 ×××	소모품비 ×××	-	
	⑧ 사용분		-	소모품비 ×××	소모품 ×××

선생님 TIP

기말수정분개가 재무제표에 미치는 영향과 기말수정분개의 누락이 재무제표에 미치는 영향을 묻는 문제가 출제되고 있으며, 특히 누락이 미치는 영향이 출제빈도가 높다.

04 결산수정분개가 잔액시산표 합계액과 재무제표에 미치는 영향

	결산수정분개		잔액시산표 합계액 영향	재무제표 영향										
				결산수정분개를 한 경우						결산수정분개를 누락한 경우					
	차변	대변		자산	부채	자본	수익	비용	이익	자산	부채	자본	수익	비용	이익
①	선급비용 ×××	비용 ×××	불변	증가	불변	증가	불변	감소	증가	과소	불변	과소	불변	과대	과소
②	비용 ×××	선급비용 ×××	불변	감소	불변	감소	불변	증가	감소	과대	불변	과대	불변	과소	과대
③	수익 ×××	선수수익 ×××	불변	불변	증가	감소	감소	불변	감소	불변	과소	과대	과대	불변	과대
④	선수수익 ×××	수익 ×××	불변	불변	감소	증가	증가	불변	증가	불변	과대	과소	과소	불변	과소

⑤	비용 xxx	미지급비용 xxx	증가	불변	증가	감소	불변	증가	감소	불변	과소	과대	불변	과소	과대
⑥	미수수익 xxx	수익 xxx	증가	증가	불변	증가	증가	불변	증가	과소	불변	과소	과소	불변	과소
⑦	소모품 xxx	소모품비 xxx	불변	증가	불변	증가	불변	감소	증가	과소	불변	과소	불변	과대	과소
⑧	소모품비 xxx	소모품 xxx	불변	감소	불변	감소	불변	증가	감소	과대	불변	과대	불변	과소	과대

05 수정후 당기순이익의 계산

⚡ **기출**

01 미경과분 임대료를 전액 수익으로 인식하고 기말에 수정분개를 하지 않았을 경우 임대료가 (　)계상되고, 부채가 (　)계상되므로 당기순이익과 자본은 (　)계상된다. 제25회

📔 암기 PLUS

수정후 당기순이익 (　　　)		수정전 당기순이익 (　　　)	
자산 감소 (수익 감소)	(②, ⑧)	자산 증가 (수익 증가)	(①, ⑥, ⑦)
부채 증가 (비용 증가)	(③, ⑤)	부채 감소 (비용 감소)	(④)

기출정답

01 과대, 과소, 과대

제2장 재무보고를 위한 개념체계

제1절 개념체계의 목적과 위상

01 개념체계의 목적

① 한국회계기준위원회가 한국채택국제회계기준(이하 '회계기준'이라 한다)을 제정하고 개정하는 데 도움을 준다.
② 재무제표작성자가 회계기준을 적용하고 회계기준이 없는 사항에 대한 회계정책을 개발하는 데 도움을 준다.
③ 감사인이 재무제표가 회계기준에 따라 작성되었는지에 대한 의견을 형성하는 데 도움을 준다.
④ 재무제표이용자가 회계기준에 따라 작성된 재무제표에 포함된 정보를 해석하는 데 도움을 준다.

02 개념체계의 위상

(1) 개념체계 ≠ 회계기준

개념체계는 회계기준의 이론적 토대를 제공하는 지침일 뿐, 그 자체가 회계기준은 아니다.

(2) 회계기준 우선의 원칙

만약 특정 거래나 사건에 대해 개념체계의 내용과 특정 회계기준서의 내용이 서로 상충(모순)될 경우에는 반드시 특정 회계기준서의 규정을 따라야 한다.

(3) 점진적 일치

회계기준위원회는 향후 회계기준을 제정하거나 개정할 때 개념체계를 바탕으로 하므로, 장기적으로는 개념체계와 회계기준간의 불일치 사항이 점차 줄어들게 된다. 따라서 개념체계가 개정되었다고 자동적으로 회계기준이 개정되는 것은 아니다.

⚡ 기출

01 보고기업의 한 기간의 재무성과에 대한 정보는 이용자들이 기업의 경제적 자원에 대한 경영진의 (   )을 평가하는 데에도 도움을 줄 수 있다. 제28회

02 보고기업의 과거 재무성과와 그 경영진이 수탁책임을 어떻게 이행했는지에 대한 정보는 기업의 경제적 자원에서 발생하는 (   )을 (   )하는 데 일반적으로 유용하다. 제28회

기출정답

01 수탁책임
02 미래수익, 예측

★ 암기 PLUS | 개념체계의 주요 내용

단계	주요 내용
개념체계의 목적과 위상	• 회계기준이 아님 • 회계기준 제·개정에 도움 • 회계정책 개발에 도움 • 회계기준 이해·해석에 도움
⇩	
일반목적재무보고의 목적	유용한 재무정보의 제공
⇩	
유용한 재무정보의 질적 특성	• 근본적 질적 특성 • 보강적 질적 특성 • 원가제약
⇩	
재무제표와 보고기업	• 재무제표 목적과 범위 • 보고기간 • 계속기업가정
⇩	
재무제표 요소	• 자산, 부채, 자본, 수익, 비용 • 재무제표 요소의 정의와 특징
⇩	
인식과 제거	• 인식절차 • 인식기준
⇩	
측정	측정기준
⇩	
표시와 공시	분류, 통합
⇩	
자본 및 자본유지의 개념	자본유지의 개념과 이익의 결정

제2절 일반목적재무보고

01 일반목적재무보고의 목적 등

목적	일반목적재무보고의 목적은 현재 및 잠재적 투자자, 대여자와 그 밖의 채권자가 기업에 자원을 제공하는 것과 관련된 의사결정을 할 때 유용한 보고기업 재무정보를 제공하는 것이다.
주요 이용자	현재 및 잠재적 투자자, 대여자 및 그 밖의 채권자
필요정보	현재 및 잠재적 투자자, 대여자와 그 밖의 채권자는 다음의 정보를 필요로 한다. ① 기업의 경제적 자원, 기업에 대한 청구권 및 그러한 자원과 청구권의 변동 ② 기업의 경영진과 이사회가 기업의 경제적 자원 사용에 대한 그들의 책임을 얼마나 효율적이고 효과적으로 이행했는지 여부
제공정보	① 보고기업의 재무상태에 관한 정보, 즉 기업의 경제적 자원 및 보고기업에 대한 청구권에 관한 정보를 제공한다. ② 보고기업의 경제적 자원과 청구권을 변동시키는 거래와 그 밖의 사건의 영향에 대한 정보를 제공한다.

02 일반목적재무보고의 한계

① 일반목적재무보고서는 현재 및 잠재적 투자자, 대여자와 그 밖의 채권자가 필요로 하는 모든 정보를 제공하지는 않으며 제공할 수도 없다.
② 일반목적재무보고서는 보고기업의 가치를 보여주기 위해 고안된 것이 아니다. 그러나 현재 및 잠재적 투자자, 대여자와 그 밖의 채권자가 보고기업의 가치를 추정하는 데 도움이 되는 정보를 제공한다.
③ 일반목적재무보고서는 정확한 서술보다는 상당 부분 추정, 판단 및 모형에 근거한다.

⚡ 기출

01 현재 및 잠재적 투자자, 대여자 및 그 밖의 채권자가 ( ) 이용자이다. 제25회

02 일반목적재무보고는 보고기업의 ( )를 보여주기 위해 고안된 것이 아니며, ( )를 추정하는 데 도움을 준다. 제25회

기출정답
01 주요
02 가치, 가치

03 일반목적재무보고의 유용성

⚡ 기출

01 일반목적재무보고서는 보고기업의 (　　) 및 보고기업에 대한 청구권에 관한 정보를 제공한다. 　제25회

02 경제적 자원과 청구권의 변동은 (　　)뿐만 아니라 (　　)에 기인하지 않은 청구권의 변동에 의해서도 발생한다. 　제19회

03 한 기간의 보고기업의 (　　)에 대한 정보는 이용자들이 기업의 미래순현금유입 창출능력을 평가하는 데 도움이 된다. 　제25회

기업의 경제적 자원, 청구권 및 변동 등에 관한 정보

경제적 자원 및 청구권	보고기업의 경제적 자원과 청구권의 성격 및 금액에 대한 정보는 정보이용자가 보고기업의 재무적 강점과 약점을 식별하는 데 도움을 준다.	
경제적 자원 및 청구권의 변동	보고기업의 경제적 자원과 청구권의 변동은 그 기업의 재무성과, 채무상품 또는 지분상품의 발행과 같은 그 밖의 사건 또는 거래에서 발생한다.	
	발생기준 회계가 반영된 재무성과	관련 재무제표: 포괄손익계산서
		발생기준회계는 거래와 그 밖의 사건 및 상황이 보고기업의 경제적 자원 및 청구권에 미치는 영향을, 비록 그 결과로 발생하는 현금의 수취와 지급이 다른 기간에 이루어지더라도, 그 영향이 발생한 기간에 보여준다. 이것이 중요한 이유는 보고기업의 경제적 자원과 청구권 그리고 기간 중 변동에 관한 정보가 그 기간의 현금수취·지급만의 정보보다도 기업의 과거 및 미래성과를 평가하는 데 더 나은 근거를 제공하기 때문이다.
	과거 현금흐름이 반영된 재무성과	관련 재무제표: 현금흐름표
		어느 한 기간의 보고기업의 현금흐름에 대한 정보도 정보이용자가 기업의 미래 순현금유입 창출능력을 평가하는 데 도움을 준다. 이는 채무의 차입과 상환, 현금배당 등 투자자에 대한 현금분배, 기업의 유동성이나 지급능력에 영향을 미치는 그 밖의 요인에 대한 정보를 포함하여 보고기업이 어떻게 현금을 획득하고 사용하는지를 보여준다. 현금흐름에 대한 정보는 정보이용자가 보고기업의 영업을 이해하고, 재무활동과 투자활동을 통해 유동성이나 지급능력을 평가하고 재무성과에 대한 그 밖의 정보를 해석하는 데 도움이 된다.
재무성과에 기인하지 않은 경제적 자원 및 청구권의 변동	보고기업의 경제적 자원과 청구권은 채무상품이나 지분상품의 발행과 같이 재무성과 외의 사유로도 변동될 수 있다. 이러한 유형의 변동에 관한 정보는 보고기업의 경제적 자원과 청구권이 변동된 이유와 그 변동이 미래 재무성과에 주는 의미를 정보이용자가 완전히 이해하는 데 필요하다.	

기출정답
01 경제적 자원
02 재무성과, 재무성과
03 현금흐름

제3절 유용한 재무정보의 질적 특성

질적 특성은 현재 및 잠재적 투자자, 대여자 및 기타 채권자가 재무보고서에 포함된 정보에 근거하여 보고기업에 대한 의사결정을 할 때 정보의 유용성을 판단하는 기준이 된다.

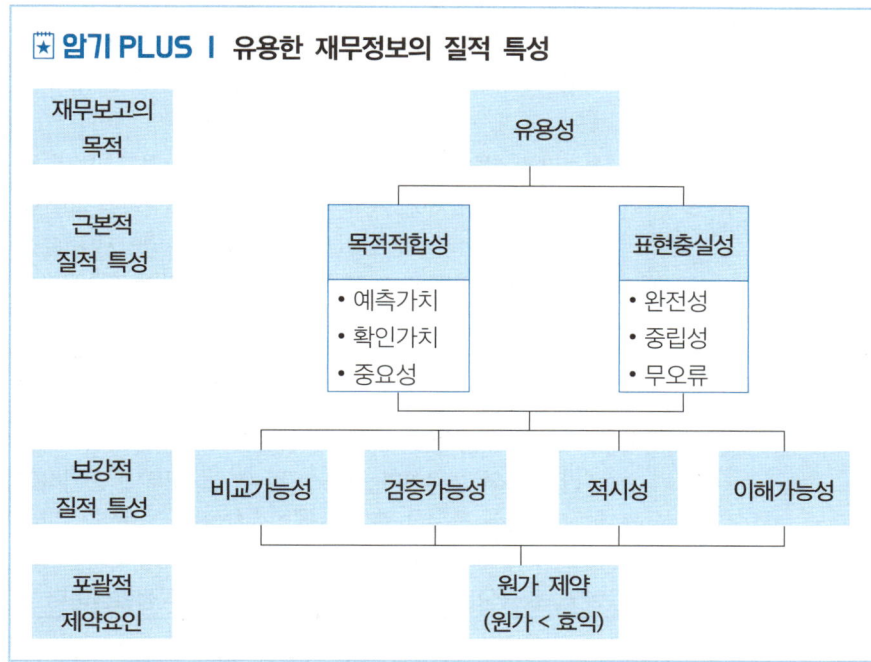

선생님 TIP
개념체계에서는 일반목적재무보고, 재무정보의 질적 특성, 재무제표 요소의 인식과 측정에서 출제되고 있다.

⚡ 기출
01 근본적 질적 특성은 ( )과 ( )이다. 제25회

02 재무정보가 예측가치를 갖기 위해서는 그 자체가 ( ) 또는 예상치일 필요는 없다. 제21회

03 목적적합한 재무정보는 이용자들의 의사결정에 ( )가 나도록 할 수 있다. 제25회

04 재무제표에 정보를 누락할 경우 주요이용자들의 의사결정에 영향을 주면 그 정보는 ( )한 것이다. 제25회

05 재무정보가 과거 평가에 대해 피드백을 제공한다면 ( )를 갖는다. 제25회

01 근본적 질적 특성 〈빈출〉

근본적 질적 특성은 목적적합성과 표현충실성이다.

(1) 목적적합성
① 목적적합한 재무정보는 정보이용자의 의사결정에 차이가 나도록 할 수 있다.
② 재무정보가 목적적합성이 있는 정보가 되기 위해서는 예측가치와 확인가치를 가지고 있어야 하며, 중요성이 고려되어야 한다. 재무정보에 예측가치, 확인가치 또는 이 둘 모두가 있다면 그 재무정보는 의사결정에 차이가 나도록 할 수 있다.

기출정답
01 목적적합성, 표현충실성
02 예측치
03 차이
04 중요
05 확인가치

예측가치	정보이용자들이 미래결과를 예측하는 과정에 재무정보가 사용될 수 있다면, 그 재무정보는 예측가치를 가진다. 그러나 재무정보가 예측가치를 갖기 위해서 그 자체가 예측치 또는 예상치일 필요는 없다.
확인가치	㉠ 재무정보가 과거 평가에 대해 피드백을 제공한다면 확인가치를 갖는다(과거 평가를 확인하거나 변경시키는 것을 의미한다). ㉡ 재무정보의 예측가치와 확인가치는 상호 연관이 되어 있어서 예측가치를 갖는 정보가 확인가치를 갖는 경우가 많다.
중요성	㉠ 정보가 누락되거나 잘못 기재된 경우 특정 보고기업의 일반목적재무보고서에 근거한 주요이용자의 의사결정에 영향을 미칠 수 있는 정보의 특성을 말한다. 따라서 중요성은 기업마다 다를 수 있기 때문에 기업 고유의 중요성이라고 하며 인식을 위한 최소요건으로 부르며, 중요성에 대한 계량임계치를 획일적으로 결정하거나 특정한 상황에서 무엇이 중요한 것인지를 미리 결정할 수 없다. ㉡ 중요성은 개별기업 재무보고서 관점에서 해당 정보와 관련된 항목의 성격이나 규모 또는 이 둘 모두에 근거하여 해당 기업에 특유한 측면의 목적적합성을 의미한다. 그러므로 목적적합성의 직접적인 속성은 예측가치와 확인가치이고, 중요성은 기업에 특유한 측면의 목적적합성이다.

⚡ 기출

01 충실한 표현은 모든 면에서 (　　)한 것을 의미하지 않는다. 　　제18회

02 완벽한 표현충실성을 위해서는 서술이 (　　)하고, (　　)이며, (　　)가 없어야 할 것이다. 　　제23회

03 정보가 누락되거나 잘못 기재된 경우 특정 보고기업의 재무정보에 근거한 정보이용자의 의사결정에 영향을 줄 수 있다면 그 정보는 (　　)한 것이다. 　　제21회

기출정답
01 정확
02 완전, 중립적, 오류
03 중요

(2) 표현충실성

① 재무정보가 유용하기 위해서는 나타내고자 하는 현상의 실질을 충실하게 표현해야 한다.
② 완벽한 표현충실성을 위해서 서술은 완전하고, 중립적이며, 오류가 없어야 하는(완전성, 중립성, 무오류) 세 가지의 특성이 있어야 할 것이다.

완전성	완전한 서술은 필요한 기술과 설명을 포함하여 이용자가 서술되는 현상을 이해하는 데 필요한 모든 정보를 포함하는 것이다.
중립성	㉠ 중립적 서술은 재무정보의 선택이나 표시에 편의(bias)가 없어야 한다는 것이다. ㉡ 중립적 정보가 목적이 없거나 행동에 대한 영향력이 없는 정보를 의미하는 것은 아니다. ㉢ 신중을 기한다는 것은 자산과 수익이 과대평가되지 않고 부채와 비용이 과소평가되지 않는 것을 의미한다.

	② 신중을 기하는 것이 비대칭의 필요성(자산이나 수익을 인식하기 위해서는 부채나 비용을 인식할 때보다 더욱 설득력 있는 증거가 뒷받침되어야 한다는 구조적인 필요성)을 내포하는 것은 아니며 그러한 비대칭은 유용한 재무정보의 질적 특성이 아니다. ⑩ 표현충실성은 모든 면에서 정확한 것을 의미하지는 않는다.
무오류	⑤ 오류가 없는 서술은 현상의 기술에 오류나 누락이 없고, 보고 정보를 생산하는 데 사용되는 절차의 선택과 적용시 절차상의 오류가 없음을 의미한다. ⑥ 오류가 없다는 것은 모든 면에서 완벽하게 정확하다는 것을 의미하는 것은 아니다.

(3) 근본적 질적 특성의 적용절차

① 정보가 유용하기 위해서는 목적적합하고, 나타내고자 하는 바를 충실하게 표현해야 한다. 목적적합하지 않은 현상에 대한 표현충실성과 목적적합한 현상에 대한 충실하지 못한 표현 모두 이용자들이 좋은 결정을 내리는 데 도움이 되지 않는다.

② 경우에 따라 경제적 현상에 대한 유용한 정보를 제공한다는 재무보고의 목적을 달성하기 위해 근본적 질적 특성간 절충이 필요할 수도 있다.

02 보강적 질적 특성 〈빈출〉

(1) 의의

비교가능성, 검증가능성, 적시성 및 이해가능성은 목적적합성과 나타내고자 하는 바를 충실하게 표현하는 것 모두를 충족하는 정보의 유용성을 보강시키는 질적 특성이다.

비교가능성	① 비교가능성은 정보이용자들이 항목간의 유사점과 차이점을 식별하고 이해할 수 있게 하는 질적 특성이다. 비교를 하려면 최소한 두 항목이 필요하다. ② 동일한 항목에 대해 동일한 방법을 적용하는 것을 의미하는 일관성은 비교가능성과 관련은 되지만 동일하지는 않다. 비교가능성은 목표이고, 일관성은 그 목표를 달성하는 데 도움을 주는 수단이다. 또한 비교가능성은 통일성이 아니다. ③ 정보가 비교 가능하기 위해서는 비슷한 것은 비슷하게 보여야 하고, 다른 것은 다르게 보여야 한다.

⚡기출

01 ( )은 비교가능성과 관련은 되어 있지만 동일하지는 않다. 제23회

02 ( )은 정보이용자가 항목간의 유사점과 차이점을 식별하고 이해할 수 있게 한다. 제23회

03 보강적 질적 특성에는 ( ), 검증가능성, ( ), 이해가능성이 있다. 제28회

기출정답
01 일관성
02 비교가능성
03 비교가능성, 적시성

	④ 하나의 경제적 현상은 여러가지 방법으로 충실하게 표현될 수 있으나, 동일한 경제적 현상에 대해 대체적인 회계처리방법을 허용하면 비교가능성이 감소한다. ⑤ 근본적 질적 특성을 충족하면 어느 정도의 비교가능성은 달성할 수 있다.
검증가능성	① 검증가능성은 정보가 나타내고자 하는 경제적 현상을 충실히 표현하는지를 이용자들이 확인하는 데 도움을 준다. ② 검증가능성은 합리적인 판단력이 있고 독립적인 서로 다른 관찰자가 어떤 서술이 표현충실성에 있어, 비록 반드시 완전히 의견이 일치하지는 않더라도 합의에 이를 수 있다는 것을 의미한다. ③ 계량화된 정보가 검증 가능하기 위해서 단일점 추정치이어야 할 필요는 없다. ④ 검증은 직접 또는 간접으로 이루어질 수 있다.
적시성	① 적시성은 의사결정에 영향을 미칠 수 있도록 의사결정자가 정보를 제때에 이용 가능하게 하는 것을 의미한다. ② 일반적으로 정보는 오래될수록 유용성이 낮아진다. 그러나 일부 정보는 보고기간 말 후에도 오랫동안 적시성이 있을 수 있는데, 이는 일부 정보이용자는 추세를 식별하고 평가할 필요가 있을 수 있기 때문이다.
이해가능성	① 이해가능성은 정보가 명확하고 간결하게 제공되어서 정보이용자가 정보를 쉽게 이해할 수 있어야 한다는 것을 의미한다. ② 재무보고서는 사업활동과 경제활동에 대해 합리적인 지식이 있고, 부지런히 정보를 검토하고 분석하는 이용자들을 위해 작성된다.

(2) 보강적 질적 특성의 적용(절차)

① 보강적 질적 특성은 정보가 목적적합하지 않거나 나타내고자 하는 바를 충실하게 표현하지 않으면, 개별적으로든 집단적으로든 그 정보를 유용하게 할 수 없다.

② 보강적 질적 특성을 적용하는 것은 어떤 규정된 순서를 따르지 않는 반복적인 과정이다.

③ 때로는 하나의 보강적 질적 특성이 다른 질적 특성의 극대화를 위해 감소되어야 할 수도 있다. 예를 들어, 새로운 회계기준의 전진 적용으로 인한 비교가능성의 일시적 감소는 장기적으로 목적적합성이나 표현충실성을 향상시키기 위해 감수될 수도 있다.

기출

01 ( )은 정보가 나타내고자 하는 경제적 현상을 충실히 표현하는지를 정보이용자가 확인하는 데 도움을 준다. 제22회

02 ( )은 합리적인 판단력이 있고 독립적인 서로 다른 관찰자가 어떤 서술이 표현충실성이라는 데 대체로 의견이 일치할 수 있다는 것을 의미한다. 제22회

03 ( )은 의사결정에 영향을 미칠 수 있도록 의사결정자가 정보를 제때에 이용 가능하게 하는 것을 의미한다. 제20회

04 명확하고 간결하게 분류되고 특정지어져 표시된 정보는 ( )이 높다. 제19회

기출정답
01 검증가능성
02 검증가능성
03 적시성
04 이해가능성

03 유용한 재무보고에 대한 원가제약

① 원가는 유용한 재무보고에 대한 포괄적인 제약요인이다.
② 재무정보의 이용자들에게도 제공된 정보를 분석하고 해석하는 데 원가가 발생한다.
③ 회계기준위원회는 특정정보를 보고하는 효익이 그 정보를 제공하고 사용하는 데 발생한 원가를 정당화할 수 있을 것인지 평가한다.

제4절 재무제표와 보고기업

01 재무제표

재무제표는 재무제표 요소의 정의를 충족하는 보고기업의 경제적 자원, 보고기업에 대한 청구권 및 경제적 자원과 청구권의 변동에 관한 정보를 제공한다.

목적	보고기업에 유입될 미래 순현금흐름에 대한 전망과 보고기업의 경제적 자원에 대한 경영진의 수탁책임을 평가하는 데 유용한 보고기업의 자산, 부채, 자본, 수익 및 비용에 대한 재무정보를 재무제표 이용자들에게 제공하는 것이다.
범위	① 자산, 부채 및 자본이 인식된 재무상태표 ② 수익과 비용이 인식된 재무성과표 ③ 다른 재무제표와 주석
보고기간	① 재무제표는 특정기간(보고기간)에 대하여 작성되며, 다음에 관한 정보를 제공한다. 　㉠ 보고기간 말 현재 또는 보고기간 중 존재했던 자산과 부채(미인식된 자산과 부채 포함) 및 자본 　㉡ 보고기간의 수익과 비용 ② 재무제표 이용자들이 변화와 추세를 식별하고 평가하는 것을 돕기 위해, 재무제표는 최소한 직전 연도에 대한 비교정보를 제공한다.
재무제표에 채택된 관점	재무제표는 기업의 현재 및 잠재적 투자자, 대여자와 그 밖의 채권자 중 특정 집단의 관점이 아닌 보고기업 전체의 관점에서 거래 및 그 밖의 사건에 대한 정보를 제공한다.

선생님 TIP

기준서 제1001호 재무제표의 표시에서 언급한 재무제표는 재무상태표, 포괄손익계산서, 자본변동표, 현금흐름표, 주석이다.

⚡기출

01 경영활동의 청산이 임박하거나 중요하게 축소할 의도 또는 필요성이 발생하는 경우 재무제표는 (　　)의 가정을 적용하여 작성할 수 없다. 　제19회

02 자산은 과거사건의 결과로 기업이 통제하는 현재의 (　　)이다. 　제24회

03 부채는 과거사건의 결과로 기업이 경제적 자원을 이전해야 하는 현재의 (　　)이다. 　제24회

기출정답
01 계속기업
02 경제적 자원
03 의무

계속기업 가정	재무제표는 일반적으로 보고기업이 계속기업이며, 예측가능한 미래에 영업을 계속할 것이라는 가정하에 작성된다. 따라서 기업이 청산을 하거나 거래를 중단하려는 의도가 없으며 그럴 필요도 없다고 가정한다. 만약 그러한 의도나 필요가 있다면, 재무제표는 계속기업과는 다른 기준에 따라 작성되어야 하며, 이 경우 사용된 기준을 재무제표에 기술한다.

02 보고기업

① 보고기업은 재무제표를 작성해야 하거나 작성하기로 선택한 기업이다.
② 보고기업은 단일실체이거나 어떤 실체의 일부일 수 있으며, 둘 이상의 실체로 구성될 수도 있다.
③ 보고기업이 반드시 법적 실체일 필요는 없다.
④ 보고기업별 재무제표는 다음과 같다.

연결재무제표	보고기업이 지배기업과 종속기업으로 구성된다면 그 보고기업의 재무제표
비연결재무제표	보고기업이 지배기업 단독인 경우 그 보고기업의 재무제표
결합재무제표	보고기업이 지배·종속관계로 모두 연결되어 있지는 않은 둘 이상 실체들로 구성된다면 그 보고기업의 재무제표

제5절 재무제표 요소

01 재무제표 요소의 정의

구분	요소	정의
경제적 자원	자산	과거사건의 결과로 기업이 통제하는 현재의 경제적 자원이다.
청구권	부채	과거사건의 결과로 기업이 경제적 자원을 이전해야 하는 현재의무이다.
	자본	기업의 자산에서 모든 부채를 차감한 후의 잔여지분이다.
재무성과를 반영하는 경제적 자원 및 청구권의 변동	수익	자산의 증가 또는 부채의 감소로서 자본의 증가를 가져오며, 자본청구권 보유자의 출자와 관련된 것을 제외한다.
	비용	자산의 감소 또는 부채의 증가로서 자본의 감소를 가져오며, 자본청구권 보유자에 대한 분배와 관련된 것을 제외한다.

| 그 밖의 경제적 자원 및 청구권의 변동 | – | 자본청구권 보유자에 의한 출자와 그들에 대한 분배를 말한다. |
| | – | 자본의 증가나 감소를 초래하지 않는 자산이나 부채의 교환을 말한다. |

02 자산의 특징

자산은 경제적 자원으로서 경제적 효익을 창출할 잠재력을 지닌 권리이다.

권리	① 많은 권리들은 계약, 법률 또는 이와 유사한 수단에 의해 성립된다. ② 기업의 모든 권리가 그 기업의 자산이 되는 것은 아니다. 권리가 기업의 자산이 되기 위해서는 해당 권리가 그 기업을 위해서 다른 모든 당사자들이 이용가능한 경제적 효익을 초과하는 경제적 효익을 창출할 잠재력이 있고, 그 기업에 의해 통제되어야 한다. ③ 기업은 기업 스스로부터 경제적 효익을 획득하는 권리를 가질 수는 없다. 그 예는 다음과 같다. ㉠ 기업이 발행한 후 재매입하여 보유하고 있는 채무상품이나 지분상품(예 자기주식) ㉡ 보고기업이 둘 이상의 법적 실체를 포함하는 경우, 그 법적 실체들 중 하나가 발행하고 다른 하나가 보유하고 있는 채무상품이나 지분상품
경제적 효익을 창출할 잠재력	① 경제적 자원은 경제적 효익을 창출할 잠재력을 지닌 권리이다. ② 잠재력이 있기 위해 권리가 경제적 효익을 창출할 것이라고 확신하거나 그 가능성이 높아야 하는 것은 아니다. ③ 경제적 효익을 창출할 가능성이 낮더라도 권리가 경제적 자원의 정의를 충족할 수 있고, 따라서 자산이 될 수 있다. ④ 경제적 자원의 가치가 미래경제적 효익을 창출할 현재의 잠재력에서 도출되지만, 경제적 자원은 그 잠재력을 포함한 현재의 권리이며, 그 권리가 창출할 수 있는 미래경제적 효익이 아니다. ⑤ 지출의 발생과 자산의 취득은 밀접하게 관련되어 있으나 양자가 반드시 일치하는 것은 아니다. 관련된 지출이 없더라도 특정 항목이 자산의 정의를 충족하는 것을 배제하지는 않는다.
통제	① 통제는 경제적 자원을 기업에 결부시킨다. ② 기업은 경제적 자원의 사용을 지시하고 그로부터 유입될 수 있는 경제적 효익을 얻을 수 있는 현재의 능력이 있다면, 그 경제적 자원을 통제한다.

기출

01 ( )의 발생과 자산의 취득은 반드시 일치하지 않는다. 즉, ( )이 없어도 자산의 정의를 충족할 수 있다.
제13회

기출정답

01 지출, 지출

③ 일방의 당사자가 경제적 자원을 통제하면 다른 당사자는 그 자원을 통제하지 못한다.
④ 경제적 자원의 통제는 일반적으로 법적 권리를 행사할 수 있는 능력에서 비롯된다.
⑤ 기업이 경제적 자원을 통제하기 위해서는 해당 자원의 미래경제적 효익이 다른 당사자가 아닌 그 기업에게 직접 또는 간접으로 유입되어야 한다.
⑥ 본인이 통제하는 경제적 자원을 대리인이 관리하고 있는 경우, 그 경제적 자원은 대리인의 자산이 아니다.
⑦ 본인이 통제하는 경제적 자원을 제3자에게 이전할 의무가 대리인에게 있는 경우 이전될 경제적 자원은 대리인의 것이 아니라 본인의 경제적 자원이기 때문에 그 의무는 대리인의 부채가 아니다.

03 부채의 특징

부채가 존재하기 위해서는 다음의 세 가지 조건을 모두 충족하여야 한다.

(1) 의무

기업에게 의무가 있다.
① 의무란 기업이 회피할 수 있는 실제 능력이 없는 책무나 책임을 말한다.
② 의무는 항상 다른 당사자(또는 당사자들)에게 이행해야 한다.
③ 의무를 이행할 대상인 당사자(또는 당사자들)의 신원을 알 필요는 없다.
④ 한 당사자가 경제적 자원을 이전해야 하는 의무가 있는 경우, 다른 당사자(또는 당사자들)는 그 경제적 자원을 수취할 권리가 있다.
⑤ 그러나 한 당사자가 부채를 인식하고 이를 특정 금액으로 측정해야 한다는 요구사항이 다른 당사자(또는 당사자들)가 자산을 인식하거나 동일한 금액으로 측정해야 한다는 것을 의미하지는 않는다.
⑥ 많은 의무가 계약, 법률 또는 이와 유사한 수단에 의해 성립되며, 당사자(또는 당사자들)가 채무자에게 법적으로 집행할 수 있도록 한다.
⑦ 의무는 기업의 그러한 실무 관행, 경영방침이나 성명(서)에서 의무가 발생할 수도 있다. 그러한 상황에서 발생하는 의무는 '의제의무'라고 불린다.

⚡기출

01 일부 부채의 경우는 상당한 정도의 (　　)을 해야만 측정이 가능할 수 있다.
　　　　　　　　　제19회

기출정답

01 추정

(2) 경제적 자원의 이전

의무는 경제적 자원을 이전하는 것이다.
① 기업이 경제적 자원을 다른 당사자(또는 당사자들)에게 이전하도록 요구받게 될 잠재력이 있어야 한다.
② 잠재력이 존재하기 위해서는, 기업이 경제적 자원의 이전을 요구받을 것이 확실하거나 그 가능성이 높아야 하는 것은 아니다.
③ 경제적 자원의 이전가능성이 낮더라도 의무가 부채의 정의를 충족할 수 있다.

(3) 과거사건으로 생긴 현재의무

의무는 과거사건의 결과로 존재하는 현재의무이다.
① 현재의무는 다음 모두에 해당하는 경우에만 과거사건의 결과로 존재한다.

> ㉠ 기업이 이미 경제적 효익을 얻었거나 조치를 취했고,
> ㉡ 그 결과로 기업이 이전하지 않아도 되었을 경제적 자원을 이전해야 하거나 이전하게 될 수 있는 경우

② 법률의 제정 그 자체만으로는 기업에 현재의무를 부여하기에 충분하지 않다.
③ 미래의 특정 시점까지 경제적 자원의 이전이 집행될 수 없더라도 현재의무는 존재할 수 있다.

04 회계단위

① 회계단위는 인식기준과 측정개념이 적용되는 권리나 권리의 집합, 의무나 의무의 집합 또는 권리와 의무의 집합이다.
② 어떤 경우에는 인식을 위한 회계단위와 측정을 위한 회계단위를 서로 다르게 선택하는 것이 적절할 수 있다.
③ 유용한 정보를 제공하기 위해 회계단위를 선택한다.
④ 원가가 다른 재무보고 결정을 제약하는 것처럼, 회계단위 선택도 제약한다.
⑤ 일반적으로 자산, 부채, 수익과 비용의 인식 및 측정에 관련된 원가는 회계단위의 크기가 작아짐에 따라 증가한다.

제6절 인식과 제거

01 인식절차

정의	① 인식은 자산, 부채, 자본, 수익 또는 비용과 같은 재무제표 요소 중 하나의 정의를 충족하는 항목을 재무상태표나 재무성과표에 포함하기 위하여 포착하는 과정이다. ② 자산, 부채 또는 자본이 재무상태표에 인식되는 금액을 '장부금액'이라고 한다.
재무제표 연계	인식에 따라 재무제표 요소, 재무상태표 및 재무성과표가 다음과 같이 연계된다. ① 재무상태표의 보고기간 기초와 기말의 총자산에서 총부채를 차감한 것은 총자본과 같다. ② 보고기간에 인식한 자본변동은 다음과 같이 구성되어 있다. 　㉠ 재무성과표에 인식된 수익에서 비용을 차감한 금액 　㉡ 자본청구권 보유자로부터의 출자에서 자본청구권 보유자에의 분배를 차감한 금액

재무제표의 연계

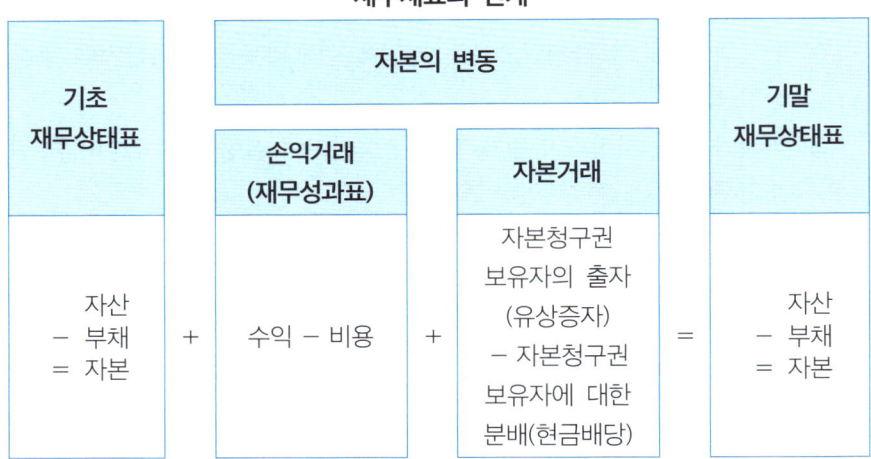

02 인식기준과 제거

인식기준	① 자산, 부채 또는 자본의 정의를 충족하는 항목만이 재무상태표에 인식된다. 마찬가지로 수익이나 비용의 정의를 충족하는 항목만이 재무성과표에 인식된다. 그러나 그러한 요소 중 하나의 정의를 충족하는 항목이라고 할지라도 항상 인식되는 것은 아니다.

	② 자산이나 부채를 인식하고 이에 따른 결과로 수익, 비용 또는 자본변동을 인식하는 것이 재무제표 이용자들에게 다음과 같이 유용한 정보를 모두 제공하는 경우에만 자산이나 부채를 인식한다. 　㉠ 자산이나 부채에 대한 그리고 이에 따른 결과로 발생하는 수익, 비용 또는 자본변동에 대한 목적적합한 정보 　㉡ 자산이나 부채 그리고 이에 따른 결과로 발생하는 수익, 비용 또는 자본변동의 충실한 표현 ③ 경제적 효익의 유입가능성이나 유출가능성이 낮더라도 자산이나 부채가 존재할 수 있다. ④ 높은 수준의 측정불확실성이 있더라도 그러한 추정치가 유용한 정보를 반드시 제공하지 못하는 것은 아니다. ⑤ 원가는 다른 재무보고 결정을 제약하는 것처럼, 인식에 대한 결정도 제약한다. ⑥ 어떤 경우에는 인식하기 위한 원가가 인식으로 인한 효익을 초과할 수 있다. ⑦ 자산이나 부채의 정의를 충족하는 항목이 인식되지 않더라도, 기업은 해당 항목에 대한 정보를 주석에 제공해야 할 수도 있다.
제거	① 제거는 기업의 재무상태표에서 인식된 자산이나 부채의 전부 또는 일부를 삭제하는 것이다. ② 제거는 일반적으로 해당 항목이 더 이상 자산 또는 부채의 정의를 충족하지 못할 때 발생한다. 　㉠ 자산은 일반적으로 기업이 인식한 자산의 전부 또는 일부에 대한 통제를 상실하였을 때 제거한다. 　㉡ 부채는 일반적으로 기업이 인식한 부채의 전부 또는 일부에 대한 현재의무를 더 이상 부담하지 않을 때 제거한다.

제7절 재무제표요소의 측정

01 측정기준

역사적 원가	① 현행가치와 달리 역사적 원가는 자산의 손상이나 손실부담에 따른 부채와 관련되는 변동을 제외하고는 가치의 변동을 반영하지 않는다. ② 자산의 역사적 원가는 자산을 취득 또는 창출하기 위하여 지급한 대가와 거래원가를 포함한다. ③ 부채의 역사적 원가는 부채를 발생시키거나 인수하면서 수취한 대가에서 거래원가를 차감한 가치이다. ④ 역사적 원가는 유입가치이다.

⚡기출

01 재무제표의 측정기준에서 ( )는 측정일에 시장참여자 사이의 정상거래에서 자산을 매도할 때 받거나 부채를 이전할 때 지급하게 될 가격을 말한다. 제26회

02 측정기준에서 역사적 원가와 현행원가는 ( )가치에 해당된다. 제23회

03 현행원가가 역사적 원가와 비교하여 적시성이 더 ( ). 제19회

04 ( )을 높이거나 향상시킬 수 있는 측정기준은 공정가치와 현행원가이다. 제24회

기출정답
01 공정가치
02 유입
03 높다
04 비교가능성

현행가치	① 현행가치 측정치는 측정일의 조건을 반영하기 위해 갱신된 정보를 사용하여 자산, 부채 및 관련 수익과 비용의 화폐적 정보를 제공한다.
	② 갱신에 따라 자산과 부채의 현행가치는 이전 측정일 이후의 변동, 즉 현행가치에 반영되는 현금흐름과 그 밖의 요소의 추정치의 변동을 반영한다.
	③ 현행가치 측정기준은 다음을 포함한다.
	  ⊙ 공정가치
	  ⓒ 자산의 사용가치 및 부채의 이행가치
	  ⓒ 현행원가

02 현행가치

(1) 공정가치

① 공정가치는 측정일에 시장참여자 사이의 정상거래에서 자산을 매도할 때 받거나 부채를 이전할 때 지급하게 될 가격이다.
② 공정가치는 기업이 접근할 수 있는 시장의 참여자 관점을 반영한다.
③ 공정가치는 활성시장에서 관측되는 가격으로 직접 결정될 수 있다.
④ 공정가치는 측정기법(예 현금흐름기준 측정기법)을 사용하여 간접적으로 결정된다.
⑤ 공정가치는 자산을 취득할 때 발생한 거래원가로 인해 증가하지 않으며, 부채를 발생시키거나 인수할 때 발생한 거래원가로 인해 감소하지 않는다.
⑥ 공정가치는 자산의 궁극적인 처분이나 부채의 이전 또는 결제에서 발생할 거래원가를 반영하지 않는다.
⑦ 공정가치는 유출가치이다.

(2) 사용가치와 이행가치

① 사용가치는 기업이 자산의 사용과 궁극적인 처분으로 얻을 것으로 기대하는 현금흐름 또는 그 밖의 경제적 효익의 현재가치이다.
② 이행가치는 기업이 부채를 이행할 때 이전해야 하는 현금이나 그 밖의 경제적 자원의 현재가치이다.
③ 사용가치와 이행가치는 자산을 취득하거나 부채를 인수할 때 발생하는 거래원가는 포함하지 않는다.

④ 사용가치와 이행가치에는 기업이 자산을 궁극적으로 처분하거나 부채를 이행할 때 발생할 것으로 기대되는 거래원가의 현재가치가 포함된다.
⑤ 사용가치와 이행가치는 시장참여자의 가정보다는 기업 특유의 가정을 반영한다.
⑥ 사용가치와 이행가치는 직접 관측될 수 없으며 현금흐름기준 측정기법으로 결정된다.
⑦ 사용가치와 이행가치는 유출가치이다.

(3) 현행원가

① 자산의 현행원가는 측정일 현재 동등한 자산의 원가로서 측정일에 지급할 대가와 그날에 발생할 거래원가를 포함한다.
② 부채의 현행원가는 측정일 현재 동등한 부채에 대해 수취할 수 있는 대가에서 그날에 발생할 거래원가를 차감한다.
③ 현행원가는 기업이 자산을 취득하거나 부채를 발생시킬 시장에서의 가격을 반영한다.
④ 현행원가는 역사적 원가와 달리 측정일의 조건을 반영한다.
⑤ 현행원가는 역사적 원가와 마찬가지로 유입가치이다.

★ 암기 PLUS | 한국채택국제회계기준(K-IFRS)의 측정기준

구분	측정기준	평가손익	이익의 분류
재고자산	저가법	평가손실	당기손익
금융자산, 금융부채	공정가치법	평가손익	당기손익, 기타포괄손익
	상각후원가법	–	–
유형자산, 무형자산	원가모형, 재평가모형	평가손익	• 평가이익: 기타포괄손익 • 평가손실: 당기손익
투자부동산	원가모형, 공정가치모형	평가손익	당기손익

03 자본의 측정

(1) 자본의 총장부금액(총자본)은 직접 측정하지 않는다. 이는 인식된 모든 자산의 장부금액에서 인식된 모든 부채의 장부금액을 차감한 금액과 동일하다.

(2) 일반목적재무제표는 기업의 가치를 보여주도록 설계되지 않았기 때문에 자본의 총장부금액은 일반적으로 다음과 동일하지 않을 것이다.

> ① 기업의 자본청구권에 대한 시가총액
> ② 계속기업을 전제로 하여 기업 전체를 매각하여 조달할 수 있는 금액
> ③ 기업의 모든 자산을 매각하고 모든 부채를 상환하여 조달할 수 있는 금액

(3) 총자본은 일반적으로 양(+)의 값이지만 어떤 자산과 부채가 인식되는지와 어떻게 측정되는지에 따라 음(−)의 값을 가질 수 있다.

제8절 표시와 공시

(1) 보고기업은 재무제표에 정보를 표시하고 공시함으로써 기업의 자산, 부채, 자본, 수익 및 비용에 관한 정보를 전달한다.

(2) 재무제표의 정보가 효과적으로 소통되면 그 정보를 보다 목적적합하게 하고 기업의 자산, 부채, 자본, 수익 및 비용을 충실하게 표현하는 데 기여한다.

(3) 재무제표의 정보가 효과적으로 소통되면 재무제표의 정보에 대한 이해가능성과 비교가능성을 향상시킨다.

(4) 재무제표의 정보가 효과적으로 소통되려면 다음이 필요하다.

> ① 규칙에 초점을 맞추기보다는 표시와 공시의 목적과 원칙에 초점을 맞춘다.
> ② 유사한 항목은 모으고 상이한 항목은 분리하는 방식으로 정보를 분류한다.
> ③ 불필요한 세부사항 또는 과도한 통합에 의해 정보가 가려져서 불분명하게 되지 않도록 통합한다.

(5) 원가가 다른 재무보고 결정을 제약하는 것처럼 표시와 공시의 결정도 제약한다.

⚡기출

01 재무제표의 목적은 광범위한 정보이용자의 경제적 의사결정에 유용한 기업의 (   ), (   )와 재무상태 변동에 한 정보를 제공하는 것이다. 제23회

02 각각 재무제표는 전체 재무제표에서 (   ) 비중으로 표시한다. 제23회

기출정답
01 재무상태, 재무성과
02 동등한

제3장 재무제표의 표시

기본서 p.110~124

제1절 재무제표

목적	① 재무제표는 광범위한 정보이용자의 경제적 의사결정에 유용한 기업의 재무상태, 재무성과와 재무상태변동에 관한 정보를 제공한다. ② 재무제표는 위탁받은 자원에 대한 경영진의 수탁책임 결과도 보여준다.
유용성	재무제표의 정보는 주석에서 제공되는 정보와 함께 재무제표 이용자가 기업의 미래현금흐름, 특히 그 시기와 확실성을 예측하는 데 도움을 준다. ✚ 재무제표 제공정보: ① 자산, ② 부채, ③ 자본, ④ 차익과 차손을 포함한 광의의 수익과 비용, ⑤ 소유주로서의 자격을 행사하는 소유주에 의한 출자와 소유주에 대한 배분, ⑥ 현금흐름
범위	① 재무상태표 ② 포괄손익계산서 ③ 자본변동표 ④ 현금흐름표 ⑤ 주석
명칭	재무제표의 명칭은 다른 명칭을 사용할 수 있다.
비중	각각의 재무제표는 전체 재무제표에서 동등한 비중으로 표시한다.
표시사항	① 보고기업의 명칭 ② 재무제표가 개별 기업에 대한 것인지 연결 실체에 대한 것인지의 여부 ③ 보고기간 종료일 또는 보고기간 ④ 표시통화 ⑤ 금액단위 ✚ 금액단위: 재무제표의 표시통화를 천단위나 백만단위로 표시할 때 더욱 이해가능성이 제고될 수 있다. 이러한 표시는 금액단위를 공시하고 중요한 정보가 누락되지 않는 경우에 허용될 수 있다.

⚡기출

01 경영진은 재무제표를 작성할 때 (　　)으로서의 존속가능성을 평가해야 한다.
제23회

02 재무제표가 한국채택국제회계기준의 요구사항을 (　　) 충족한 경우가 아니면 한국채택국제회계기준을 준수하여 작성되었다고 기재하여서는 아니 된다.
제26회

기출정답
01 계속기업
02 모두

제2절 재무제표 표시에 관한 일반사항 〈빈출〉

01 공정한 표시와 K-IFRS 준수

원칙	① 재무제표는 기업의 재무상태, 재무성과 및 현금흐름을 공정하게 표시해야 한다. ② 한국채택국제회계기준에 따라 작성된 재무제표는 공정하게 표시된 재무제표로 본다. ③ 부적절한 회계정책은 공시나 주석 또는 보충자료를 통해 설명하더라도 정당화될 수 없다.
예외	한국채택국제회계기준의 요구사항을 준수하는 것이 오히려 '개념체계'에서 정하고 있는 재무제표의 목적과 상충되어 재무제표 이용자의 오해를 유발할 수 있는 경우에는 요구사항을 달리 적용한다.

02 계속기업

원칙	① 계속기업을 전제로 재무제표를 작성한다. ② 계속기업의 가정이 적절한지 여부를 평가할 때 경영진은 보고기간 말로부터 향후 12개월 기간에 대하여 이용가능한 모든 정보를 고려한다.
예외	① 경영진이 기업을 청산하거나 경영활동을 중단할 의도를 가지고 있는 경우 ② 청산 또는 경영활동의 중단 외에 다른 현실적 대안이 없는 경우

03 발생기준회계

원칙	기업은 발생기준회계를 사용하여 재무제표를 작성한다. ➕ 발생기준회계: 각 항목이 '개념체계'의 정의와 인식요건을 충족할 때 자산, 부채, 자본, 광의의 수익 및 비용으로 인식
예외	현금흐름정보(현금흐름표)는 현금기준으로 작성한다.

04 구분표시

원칙	① 상이한 성격이나 기능을 가진 항목은 구분하여 표시한다. ② 유사한 항목은 중요성 분류에 따라 재무제표에 구분하여 표시한다.
예외	① 중요하지 않은 항목은 성격이나 기능이 유사한 항목과 통합하여 표시할 수 있다. ② 재무제표에는 중요하지 않아 구분하여 표시하지 않은 항목이라도 주석에서는 구분표시해야 할 만큼 충분히 중요할 수 있다.

⚡ **기출**

01 ( )한 회계정책은 이에 대하여 공시나 주석 또는 보충자료를 통해 설명함으로써 정당화될 수 없다. 제25회

02 기업은 현금흐름정보를 제외하고는 ( )기준회계를 사용하여 재무제표를 작성한다. 제26회

03 상이한 성격이나 기능을 가진 항목은 ( )하여 표시한다. 다만, 중요하지 않은 항목은 성격이나 기능이 유사한 항목과 ( )하여 표시할 수 있다. 제25회

기출정답
01 부적절
02 발생
03 구분, 통합

05 상계금지

원칙	한국채택국제회계기준에서 요구하거나 허용하지 않는 한 자산과 부채 그리고 수익과 비용은 상계하지 아니한다. ✚ 재고자산에 대한 재고자산평가충당금과 매출채권에 대한 대손충당금과 같은 평가충당금을 차감하여 관련 자산을 순액으로 측정하는 것은 상계표시에 해당하지 아니한다.
예외	동일 거래에서 발생하는 수익과 관련 비용의 상계표시가 거래나 그 밖의 사건의 실질을 반영한 경우 상계를 허용한다. 예 • 투자자산 및 영업용 자산을 포함한 비유동자산의 처분손익은 처분대금에서 그 자산의 장부금액과 관련 처분비용을 차감 표시 • 외환손익 또는 단기매매금융상품에서 발생하는 손익과 같이 유사한 거래의 집합에서 발생하는 차익과 차손은 순액으로 표시(단, 차익과 차손이 중요한 경우에는 구분하여 표시)

⚡ 기출

01 한국채택국제회계기준에서 요구하거나 허용하지 않는 한 자산과 부채 그리고 수익과 비용은 (　　)하지 아니한다. 　제24회

06 보고빈도

원칙	전체 재무제표(비교정보를 포함)는 적어도 1년마다 작성한다.
예외	① 보고기간 종료일을 변경하여 재무제표의 보고기간이 1년을 초과하거나 미달한 경우 ② 일반적으로 재무제표는 일관성 있게 1년 단위로 작성한다. 그러나 실무적인 이유로 어떤 기업은 예를 들어 52주의 보고기간을 선호하는 경우 이를 허용한다.

⚡ 기출

02 전체 재무제표(비교정보를 포함)는 적어도 (　　)마다 작성한다. 　제24회

03 한국채택국제회계기준이 달리 허용하거나 요구하는 경우를 제외하고는 당기 재무제표에 보고되는 모든 금액에 대해 전기 (　　)정보를 표시한다. 　제25회

04 전체 재무제표(비교정보 포함)는 실무적인 이유로 어떤 기업은 예를 들어 (　　)주 보고기간을 선호하는데 이와 같은 보고관행은 (　　)되지 아니한다. 　제20회

05 당기 재무제표를 이해하는 데 목적적합하다면 (　　)정보의 경우에도 비교정보를 포함한다. 　제17회

07 비교표시

원칙	당기 재무제표에 보고되는 모든 금액에 대해 전기 비교정보를 표시한다.
예외	한국채택국제회계기준이 달리 허용하거나 요구하는 경우

08 표시의 계속성

원칙	재무제표 항목의 표시와 분류는 매기 동일하여야 한다.
예외	① 사업내용의 유의적인 변화나 재무제표를 검토한 결과 다른 표시나 분류방법이 더 적절한 것이 명백한 경우 ② 한국채택국제회계기준에서 표시방법의 변경을 요구하는 경우

기출정답
01 상계
02 1년
03 비교
04 52, 금지
05 서술형

제3절 재무상태표

01 재무상태표에 표시되는 정보

(1) 표시항목

자산	부채 및 자본	
① 유형자산 ② 투자부동산 ③ 무형자산 ④ 금융자산 ⑤ 지분법 투자자산 ⑥ 생물자산 ⑦ 재고자산 ⑧ 매출채권 및 기타 채권 ⑨ 현금 및 현금성자산 ⑩ 매각예정자산 ⑪ 당기법인세 관련 자산 ⑫ 이연법인세자산	부채	① 매입채무 및 기타 채무 ② 충당부채 ③ 금융부채 ④ 매각예정자산집단에 포함된 부채 ⑤ 당기법인세 관련 부채 ⑥ 이연법인세부채
	자본	① 지배기업의 소유주에게 귀속되는 납입자본과 적립금 ② 자본에 표시된 비지배지분

(2) 추가표시

① 기업의 재무상태를 이해하는 데 목적적합한 경우 재무상태표에 항목, 제목 및 중간합계를 추가하여 표시한다.
② 추가표시하는 중간합계는 한국채택국제회계기준에서 요구하는 중간합계보다 더 부각되어 나타나지 않도록 한다.

02 자산과 부채의 구분표시

구분		내용
원칙	유동과 비유동 구분법	① 기업이 명확히 식별 가능한 영업주기 내에서 재화나 용역을 제공하는 경우, 재무상태표에 유동자산과 비유동자산 및 유동부채와 비유동부채를 구분하여 표시한다. ② 이 경우 이연법인세자산(부채)은 유동자산(부채)으로 분류하지 아니한다.

기출

01 자본금, 선급보험료, 손실충당금, 이익준비금은 (　　) 에 나타나는 계정이고, 임차료는 (　　)에 나타나지 않는 계정이다. 제23회

02 재무상태표의 자산과 부채는 유동과 비유동자산으로 구분하여 표시하거나 (　　) 순서에 따라 표시할 수 있다. 제19회

기출정답

01 재무상태표, 재무상태표
02 유동성

예외	유동성 순서에 따른 표시방법	① 유동성 순서에 따른 표시방법이 신뢰성 있고 더욱 목적적합한 정보를 제공하는 경우에는 유동성 순서에 따른 표시방법으로 자산과 부채를 표시한다. ② 유동성 순서에 따른 표시방법을 적용할 경우 모든 자산과 부채는 유동성의 순서(오름차순이나 내림차순)에 따라 표시한다.
	혼합법	신뢰성 있고 더욱 목적적합한 정보를 제공한다면 자산과 부채의 일부는 유동과 비유동 구분법으로, 나머지는 유동성 순서에 따른 표시방법으로 표시하는 것이 허용된다.

03 유동자산과 유동부채의 분류

유동자산	① 유동자산으로 분류하는 경우 　㉠ 기업의 정상영업주기 내에 실현될 것으로 예상하거나, 정상영업주기 내에 판매하거나 소비할 의도가 있다. 　㉡ 주로 단기매매 목적으로 보유하고 있다. 　㉢ 보고기간 후 12개월 이내에 실현될 것으로 예상한다. 　㉣ 현금이나 현금성자산으로서, 교환이나 부채 상환 목적으로의 사용에 대한 제한기간이 보고기간 후 12개월 이상이 아니다. ② 유동자산은 보고기간 후 12개월 이내에 실현될 것으로 예상되지 않는 경우에도 재고자산 및 매출채권과 같이 정상영업주기의 일부로서 판매, 소비 또는 실현되는 자산을 포함한다.
유동부채	① 유동부채로 분류하는 경우 　㉠ 정상영업주기 내에 결제될 것으로 예상하고 있다. 　㉡ 주로 단기매매 목적으로 보유하고 있다. 　㉢ 보고기간 후 12개월 이내에 결제하기로 되어 있다. 　㉣ 보고기간 후 12개월 이상 부채의 결제를 연기할 수 있는 무조건의 권리를 가지고 있지 않다. ② 매입채무, 종업원 및 그 밖의 영업원가에 대한 미지급비용과 같은 유동부채는 기업의 정상영업주기 내에 사용되는 운전자본의 일부이다. 이러한 항목은 보고기간 후 12개월 후에 결제일이 도래한다 하더라도 유동부채로 분류한다.
영업주기	① 영업주기는 영업활동을 위한 자산의 취득시점부터 그 자산이 현금이나 현금성자산으로 실현되는 시점까지 소요되는 기간이다. ② 정상영업주기를 명확히 식별할 수 없는 경우에는 12개월인 것으로 가정한다.

기출

01 유동자산은 기업의 (　　) 주기 내에 실현될 것으로 예상하는 자산이다. 제18회

02 재고자산은 보고기간 후 12개월 이내에 실현될 것으로 예상되지 않는 경우에도 재고자산 및 매출채권과 같이 (　　)영업주기 일부로 판매, 소비 또는 실현되는 자산은 (　　)으로 분류한다. 제19회

03 유동자산은 보고기간 후 (　　)개월 이내에 실현될 것으로 예상하는 자산이다. 제18회

기출정답
01 정상영업
02 정상, 유동자산
03 12

제4절 포괄손익계산서

> **기출**
>
> 01 포괄손익계산서는 ( ) 포괄손익계산서로 작성되거나 ( )의 보고서(당기손익부분을 표시하는 별개의 손익계산서와 포괄손익을 표시하는 보고서)로 작성될 수 있다. 제19회

01 포괄손익계산서 표시방법

다음 중 한 가지 방법으로 표시한다.

단일 포괄손익계산서	두 개의 보고서
〈포괄손익계산서〉 　　당기수익 　－　당기비용 　＝　당기순손익 　±　기타포괄손익 　＝　총포괄손익	① 당기손익 부분을 표시하는 보고서 〈별개의 손익계산서〉 　　당기수익 　－　당기비용 　＝　당기순손익 ② 포괄손익을 표시하는 보고서(당기순손익으로부터 시작) 〈포괄손익계산서〉 　＝　당기순손익 　±　기타포괄손익 　＝　총포괄손익

02 당기순손익과 기타포괄손익 및 총포괄손익의 의의

당기순손익	① 당기순손익은 수익에서 비용을 차감한 금액(기타포괄손익의 구성요소 제외)이다. ② 한 기간에 인식되는 모든 수익과 비용항목은 한국채택국제회계기준이 달리 정하지 않는 한 당기순손익으로 인식한다. ✚ 한국채택국제회계기준이 달리 정하는 경우(당기순손익으로 인식하지 않는 경우) 　1. 기타포괄손익의 구성요소 　2. 오류의 수정과 회계정책의 변경 효과 ⇨ 기초이익잉여금에 반영(소급법)
기타포괄손익	다른 한국채택국제회계기준서에서 요구하거나 허용하여 당기순손익으로 인식하지 않은 수익과 비용항목(재분류조정 포함)을 포함한다.
총포괄손익	① 거래나 그 밖의 사건으로 인한 기간 중 자본의 변동(소유주로서의 자격을 행사하는 소유주와의 거래로 인한 자본의 변동 제외)이다. ② 총포괄손익은 '당기순손익'과 '기타포괄손익'의 모든 구성요소를 포함한다. 　　총포괄손익 = 당기순손익 ± 기타포괄손익

> **기출정답**
>
> 1 단일, 두 개

당기순손익과 기타포괄손익

포괄손익계산서			재무상태표
총수익 − 총비용	당기손익항목: 실현이익 (처분이익) 등	당기순손익 ⇨	이익잉여금 (배당 가능)
	기타포괄손익항목: 미실 현손익(평가손익)	± 기타포괄손익 ⇨	기타포괄손익누계액 (배당 불가)
= 총포괄손익		= 총포괄손익	

03 포괄손익계산서에 표시되는 정보

당기손익 표시항목	① 수익(유효이자율법을 사용하여 계산한 이자수익은 별도 표시) ② 영업이익 ③ 금융원가 ④ 손상차손(손상차손의 환입) ⑤ 상각후원가측정 금융자산의 제거로 발생한 손익 ⑥ 금융자산의 재분류(상각후원가 ⇨ 당기손익−공정가치)로 발생한 손익 ⑦ 금융자산의 재분류(기타포괄손익−공정가치 ⇨ 당기손익−공정가치)로 발생한 손익 ⑧ 지분법 적용대상인 관계기업과 조인트벤처의 당기순이익에 대한 지분 ⑨ 법인세비용 ⑩ 중단영업의 합계를 표시하는 단일금액 **+ 영업이익의 구분표시**: 기업은 수익에서 매출원가 및 판매비와 관리비를 차감한 영업이익(또는 영업손실)을 포괄손익계산서에 구분하여 표시한다.

**기타포괄손익
표시항목**
	① 기타포괄손익항목
	  ⊙ 재평가잉여금의 변동
	  ⓒ 확정급여제도의 재측정요소
	  ⓒ 해외사업장의 재무제표 환산손익
	  ⓔ 기타포괄손익−공정가치측정 금융자산의 평가손익
	  ⓜ 현금흐름위험회피수단의 평가손익 중 효과적인 부분
	② 다음은 집단으로 묶어 표시한다.
	  ⊙ 후속적으로 당기손익으로 재분류되지 않는 항목
	     ⓐ 재평가잉여금의 변동
	     ⓑ 확정급여제도의 재측정요소
	     ⓒ 기타포괄손익−공정가치측정 금융자산(지분상품)의 평가손익

⚡ 기출

01 매출액, 유형자산처분이익, 이자비용, 법인세비용은 (　　)에 나타나는 항목이고, 미수수익은 자산계정이므로 (　　)에 나타는 항목이다. 제24회

기출정답

01 포괄손익계산서,
　　재무상태표

	ⓒ 후속적으로 당기손익으로 재분류되는 항목 　ⓐ 해외사업장의 재무제표 환산손익 　ⓑ 기타포괄손익 – 공정가치측정 금융자산(채무상품)의 평가손익 　ⓒ 현금흐름위험회피수단의 평가손익 중 효과적인 부분 ③ 기타포괄손익의 항목은 관련 법인세비용을 차감한 순액으로 표시하거나 법인세비용 차감 전 금액으로 표시할 수 있다.
추가표시	① 기업의 재무성과를 이해하는 데 목적적합한 경우에는 당기손익과 기타포괄손익을 표시하는 보고서에 항목, 제목 및 중간합계를 추가하여 표시한다. ② 추가표시하는 중간합계는 한국채택국제회계기준에서 요구하는 중간합계보다 더 부각되어 나타나지 않도록 한다.
특별손익 불표시	수익과 비용의 어느 항목도 당기손익과 기타포괄손익을 표시하는 보고서 또는 주석에 특별손익항목으로 표시할 수 없다.

> ⚡ **기출**
> 01 수익과 비용의 어느 항목도 당기손익과 기타포괄손익을 표시하는 보고서에 ( )손익항목으로 표시할 수 없다. 제25회

04 포괄손익계산서(이익 구분표시)

```
  매출액
− 매출원가
─────────────
= 매출총이익
− 판매비와 관리비
─────────────
= 영업이익
+ 영업외수익
− 영업외비용
─────────────
= 법인세비용 차감 전 순이익
− 법인세비용
─────────────
= 당기순이익
± 기타포괄손익
─────────────
= 총포괄손익
```

판매비와 관리비 및 영업외비용	
판매비와 관리비	영업외비용
판매운임 판매수수료 급여 임차료 보험료 감가상각비 무형자산상각비 매출채권 손상차손 광고선전비 접대비 세금과공과 등	이자비용 기타자산의 손상차손 자산의 처분손실 자산의 평가손실 등

05 재분류조정

(1) 재분류조정은 당기나 과거기간에 기타포괄손익으로 인식되었으나 당기손익으로 재분류된 금액을 말하며, 이전에 기타포괄손익으로 인식되었

> **기출정답**
> 01 특별

던 금액이 당기에 당기손익으로 재분류될 때 총포괄손익에 이중으로 포함되지 않도록 하기 위한 조정이다.

(2) 재분류조정은 그 조정액이 당기손익으로 재분류되는 기간의 기타포괄손익의 관련 구성요소에 포함된다.

(3) 기타포괄손익항목의 재분류조정 발생 여부

기타포괄손익항목		후속적으로 당기순이익으로 재분류 = 재분류조정 발생
① 재평가잉여금의 변동		×
② 확정급여제도의 재측정요소		×
③ 해외사업장의 재무제표 환산으로 인한 손익		○
④ 기타포괄손익 – 공정가치측정 금융자산의 평가손익	지분상품	×
	채무상품	○
⑤ 현금흐름위험회피수단의 평가손익 중 효과적인 부분		○

06 비용의 분류방법

기업은 비용의 성격별 또는 기능별 분류방법 중에서 신뢰성 있고 더욱 목적적합한 정보를 제공할 수 있는 방법을 적용하여 표시한다.

성격별 분류법	① 당기손익에 포함된 비용을 그 성격(예 감가상각비, 원재료의 구입, 운송비, 종업원급여와 광고비)별로 통합하며, 기능별로 재배분하지 않는다. ② 비용을 기능별 분류로 배분할 필요가 없기 때문에 적용이 간단하다. ③ 비용의 성격에 대한 정보는 미래현금흐름을 예측하는 데 유용하다.
기능별 분류법	① 매출원가법이라고도 하며 비용을 매출원가, 물류원가, 관리활동원가 등과 같이 기능별로 분류한다. ② 매출원가를 다른 비용과 분리하여 공시한다. ③ 성격별 분류보다 재무제표 이용자에게 더욱 목적적합한 정보를 제공할 수 있다. ④ 비용을 기능별로 배분하는 데 자의적인 배분과 상당한 정도의 판단이 개입될 수 있다. ⑤ 비용을 기능별로 분류하는 경우에는 감가상각비, 기타 상각비와 종업원급여를 포함하여 비용의 성격에 대한 추가 정보를 공시한다.

⚡기출

01 기업은 비용의 ( ) 또는 ( ) 분류방법 중에서 신뢰성 있고 목적적합한 정보를 제공할 수 있는 방법을 적용하여 당기손익으로 인식한 비용의 분석내용을 표시한다. 제23회

02 비용을 ( )별로 분류하는 기업은 비용의 ( )에 대한 추가정보를 공시해야 한다. 제14회

기출정답
01 성격별, 기능별
02 기능, 성격

제4장 금융자산 I

기본서 p.132~147

제1절 현금 및 현금성자산

선생님 TIP
현금 및 현금성자산의 종류를 구분하여 계산하는 문제가 최근에 지속적으로 출제되고 있다.

01 현금 및 현금성자산의 종류 〈빈출〉

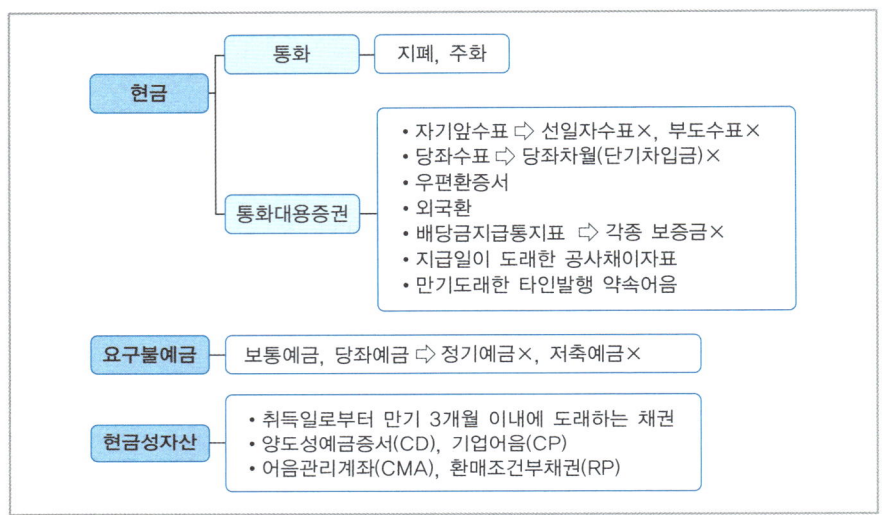

확인예제

(주)한국의 20×1년 말 재무상태표의 현금 및 현금성자산은 ₩30,000이다. 다음 자료를 이용할 때 20×1년 말 (주)한국의 외국환통화($)는? (단, 20×1년 말 기준환율은 $1 = ₩1,100이다)

• 지점전도금	₩500	• 당좌예금	₩400
• 만기가 도래한 국채이자표	₩500	• 배당금지급통지표	₩7,500
• 우편환	₩3,000	• 선일자수표	₩1,000
• 외국환통화	?	• 차용증서	₩1,000
• 양도성예금증서(취득: 20×1년 12월 1일, 만기: 20×2년 1월 31일)			

① $10
② $16
③ $20
④ $26
⑤ $30

> **해설**

외국환통화($) = 외국환통화(₩) ₩17,600* ÷ 환율 ₩1,100 = $16
* 외국환통화(₩)

지점전도금		500
당좌예금	+	400
만기가 도래한 국채이자표	+	500
배당금지급통지표	+	7,500
양도성예금증서	+	500
우편환	+	3,000
외국환통화(₩)	+	(17,600)
현금 및 현금성자산	=	30,000

해답 ②

02 은행계정조정표 〔빈출〕

구분	항목	회계처리 회사측	회계처리 은행측	조정방법
은행측	미결제수표(미인출수표)	(−)	없음	은행측 (−)
	미기입예금(마감후입금)	(+)	없음	은행측 (+)
회사측	부도수표	없음	(−)	회사측 (−)
	이자비용, 은행수수료	없음	(−)	회사측 (−)
	미통지입금, 어음추심	없음	(+)	회사측 (+)
	이자수익	없음	(+)	회사측 (+)
	[회사측 오류기장]			
	• 예입액 과대(과소)기장	↑(↓)	없음	회사측 −(+)
	• 인출액 과대(과소)기장	↑(↓)	없음	회사측 +(−)

> **선생님 TIP**
>
> 은행계정조정표에서는 수정 후 올바른 잔액, 수정 전 회사측 또는 은행측 잔액이 출제되고 있다.

> **확인예제**
>
> 다음의 자료를 이용한 20×1년 6월 30일 정확한 당좌예금 잔액은?
>
> (1) 20×1년 6월 30일 조정 전 회사측 당좌예금 잔액 ₩200,000
> (2) 은행측 잔액증명서상의 금액과 회사측 잔액과의 차이를 나타내는 원인
> - 은행예금 이자   ₩15,000
> - 회사발행 미지급수표   ₩100,000
> - 어음추심수수료   ₩1,000
> - 회사에 미통지된 입금   ₩120,000
>
> ① ₩234,000   ② ₩334,000   ③ ₩384,000
> ④ ₩434,000   ⑤ ₩465,000

> **해설**
>
> 은행계정조정표
>
> | 은행측 잔액 | (434,000) | 회사측 잔액 | 200,000 |
> |---|---|---|---|
> | 회사발행 미지급수표 | − 100,000 | 은행예금 이자 | + 15,000 |
> | | | 어음추심수수료 | − 1,000 |
> | | | 미통지입금 | + 120,000 |
> | 정확한 잔액 | = 334,000 | 정확한 잔액 | = 334,000 |
>
> 해답 ②

제2절 매출채권

선생님 TIP

손실충당금 T계정의 포괄손익계산서에서 인식될 손상차손, 손실충당금의 기말설정액, 손상확정액과 기초손실충당금의 각 요소를 묻는 계산문제가 주로 출제된다. 이 경우 기말손실충당금은 기말기대신용손실 추정액임을 확인한다.

01 매출채권의 손상 〈빈출〉

(1) 손상의 회계처리(충당금설정법)

① 매결산시

기말손상추정액 = 수정 전 손실충당금 잔액	분개 없음
기말손상추정액 > 수정 전 손실충당금 잔액	(차) 손상차손 ××× (대) 손실충당금 ×××
기말손상추정액 < 수정 전 손실충당금 잔액	(차) 손실충당금 ××× (대) 손상차손환입 ×××

② 손상확정시

당기 손상액 ≤ 직전 손실충당금 잔액	(차) 손실충당금 ××× (대) 매출채권 ×××
당기 손상액 > 직전 손실충당금 잔액	(차) 손실충당금 ××× (대) 매출채권 ××× 손상차손 ×××
직전 손실충당금 잔액이 없는 경우	(차) 손상차손 ××× (대) 매출채권 ×××

③ 손상회수시

전기·당기 손상액 불문	(차) 현금 ××× (대) 손실충당금 ×××

(2) 손실충당금계정

손실충당금계정과 부분 재무제표의 상호관계

매출채권			
기초매출채권	×××	회수액	×××
외상매출액	×××	손상확정액	×××
		기말매출채권②	×××

손실충당금			
손상확정액	×××	기초손실충당금	×××
기말손실충당금①	×××	회수액	×××
(② × 손실률)		손상차손	×××

확인예제

01 (주)한국의 당기 매출채권 손실충당금의 기초잔액은 ₩50,000이고, 기중 매출채권 ₩70,000이 회수불능으로 확정되어 제거되었으나 그중 ₩40,000이 현금으로 회수되었다. 매출채권 기말잔액은 ₩1,000,000이고, 기대신용손실률은 8%이다. 당기 포괄손익계산서상 매출채권 손상차손은?

① ₩60,000 ② ₩70,000 ③ ₩80,000
④ ₩90,000 ⑤ ₩100,000

해설

손실충당금			
손상	70,000	기초	50,000
		손상액 회수	40,000
기말	80,000*	손상차손	(60,000)

* 기말손실충당금 = 기말매출채권 ₩1,000,000 × 8% = ₩80,000

해답 ①

02 (주)한국은 액면금액 ₩150,000, 표시이자율 연 10%, 만기 6개월인 어음을 수취하여 3개월간 보유한 후 연 12%의 할인율로 은행에서 할인받았다. 이 어음의 할인은 매각거래에 해당한다. 매출채권처분손실은?

① ₩975 ② ₩1,025 ③ ₩1,055
④ ₩1,125 ⑤ ₩1,175

해설

매출채권처분손실 = 할인기간 액면이자 ₩3,750*1 − 할인액 ₩4,725*2 = ₩975
*1 할인기간 액면이자 = ₩150,000 × 10% × 3/12 = ₩3,750
*2 할인액 = 만기금액 ₩157,500*3 × 12% × 3/12 = ₩4,725
*3 만기금액 = ₩150,000 + (₩150,000 × 10% × 6/12) = ₩157,500

해답 ①

02 받을어음의 할인 〈빈출〉

선생님 TIP
어음의 할인은 어음할인으로 인한 현금수령액, 매출채권처분손실, 당기손익에 미치는 영향 그리고 회계처리가 출제된다. 이 과정에서 할인율을 추정하는 응용문제도 정리해 두어야 한다.

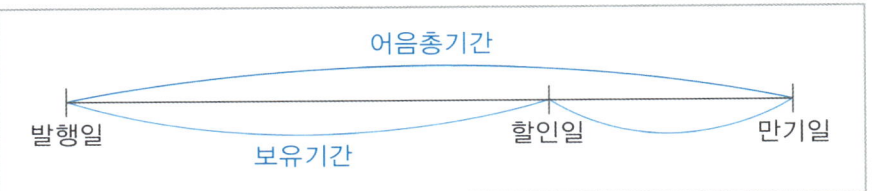

① **만기가치**: 액면금액 + (액면금액 × 표시이자율 × $\dfrac{\text{어음 총기간}}{12}$) ⎤ 현금수령액

② **할인액**: 만기가치 × 할인율 × $\dfrac{\text{할인기간}}{12}$ ⎦ = ① − ②

③ **할인기간 이자**: 액면금액 × 표시이자율 × $\dfrac{\text{할인기간}}{12}$

④ **매출채권처분손실**: ② − ③

합격예제

(주)한국은 20×1년 1월 1일 거래처로부터 액면금액 ₩120,000인 6개월 만기 약속어음(이자율 연 6%)을 수취하였다. (주)한국이 20×1년 5월 1일 동 어음을 은행에 양도(할인율 연 9%)할 경우 수령할 현금은? (단, 동 어음양도는 금융자산 제거조건을 충족하며, 이자는 월할계산한다) 제22회

해설

(1) 만기가치
   = ₩120,000 + (₩120,000 × 6% × $\dfrac{6}{12}$)
   = ₩123,600

(2) 할인액
   = ₩123,600 × 9% × $\dfrac{2}{12}$
   = ₩1,854

(3) 현금수령액
   = ₩123,600 − ₩1,854
   = ₩121,746

해답 121,746

03 무이자부어음의 할인

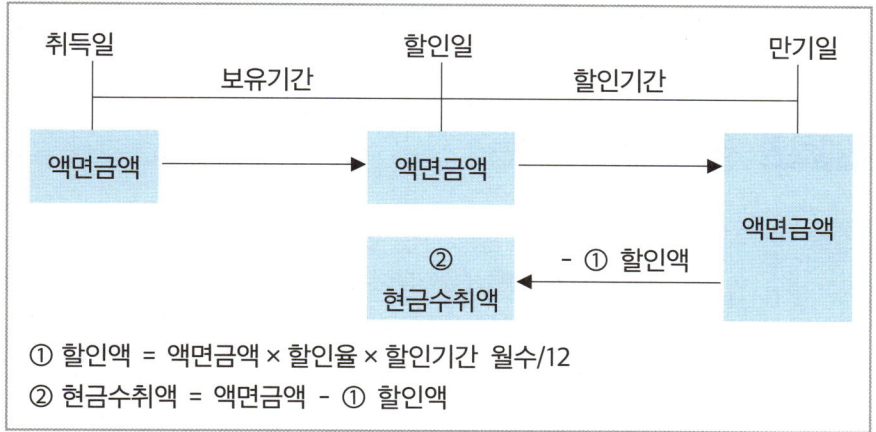

① 할인액 = 액면금액 × 할인율 × 할인기간 월수/12
② 현금수취액 = 액면금액 - ① 할인액

암기 PLUS

구분	이자부어음	무이자부어음
매출채권 처분손실	① 현금수취액 - 장부금액 ② 할인액 - 할인기간 액면이자	할인액
할인액	만기금액 - 현금수취액	액면금액 - 현금수취액
현금수취액	만기금액 - 할인액	액면금액 - 할인액
이자수익	보유기간 액면이자	₩0
당기순이익 영향	① 이자수익 - 매출채권처분손실 ② 액면금액 - 현금수취액	할인액만큼 감소

제5장 금융자산 II

기본서 p.156~167

제1절 금융자산의 개념

금융상품	거래당사자 일방에게 금융자산을 발생시키고 동시에 다른 거래상대방에게 금융부채나 지분상품을 발생시키는 모든 계약을 말한다.
금융자산	① 계약상의 권리(금융자산)와 의무(금융부채)에서 발생 　㉠ 법적 권리와 의무에서 발생하는 것은 금융상품이 아니다. 　　ⓐ 당기법인세자산 　　ⓑ 당기법인세부채 　　ⓒ 각종 충당부채 　㉡ 미래 경제적 효익이 유입될 가능성이 있을 뿐, 계약상 권리와 의무가 존재하지 않기 때문에 금융상품이 아니다. 　　ⓐ 재고자산 　　ⓑ 유형자산 　　ⓒ 무형자산 ② 일반적으로 주고받을 대상이 현금 등 금융자산: 재화나 용역을 제공하거나 제공받기로 한 것은 금융상품이 아니다. 　㉠ 선급비용, 선수수익 　㉡ 선급금, 선수금

제2절 지분상품의 분류 및 특징

구분	당기손익 – 공정가치측정(FVPL) 금융자산	기타포괄손익 – 공정가치측정(FVOCI) 금융자산
최초 인식 측정	취득시점의 공정가치	취득시점의 공정가치
거래원가	당기비용 처리(∵ 단기매매목적)	공정가치에 가산(∵ 장기보유목적)
현금배당	당기손익으로 인식	당기손익으로 인식
후속측정 (평가)	① 후속측정금액은 공정가치 ② 평가손익은 당기손익	① 후속측정금액은 공정가치 ② 평가손익은 기타포괄손익
재분류	불가	불가

처분(제거)	① 처분금액 - 처분 직전 장부금액 ② 처분손익은 당기손익 ③ 거래원가는 처분금액에서 차감	① 처분금액 - 처분 직전 장부금액 ② 처분손익은 기타포괄손익 ③ 처분손익 '0'
손상	인식 ×	인식 ×
당기순이익 영향	① 거래원가(-) ② 배당수익(+) ③ 처분손익(±) ④ 평가손익(±)	배당수익(+)
기타포괄손 익 영향		① 처분손익(±) ② 평가손익(±)
총포괄손익 영향	=	

01 당기손익-공정가치측정(FVPL) 금융자산 〈빈출〉

(1) 최초 인식

금융자산을 장부에 처음 기록하는 시점은 언제일까? 금융자산은 금융상품의 계약당사자가 되는 때에만 재무상태표에 인식한다.

① 취득원가는 원칙적으로 최초 인식시점의 공정가치로 측정한다.
② 금융자산의 취득과 직접 관련하여 발생하는 거래원가는 발생 즉시 당기비용으로 인식한다.

구분	FVPL
취득(최초 인식)	• 취득시점의 공정가치 • 거래원가는 당기비용으로 인식(∵ 단기매매목적)

(2) 보유에 따른 손익

① 현금배당은 지분상품의 발행회사가 배당을 선언하는 경우 배당수익의 과목으로 당기손익으로 인식한다.
② 배당금은 보유기간에 관계없이 수령한 금액을 배당수익으로 인식한다.

구분	FVPL
현금배당	수취할 권리가 확정되는 시점에 당기손익으로 인식

(3) 후속측정(기말 평가)

① 보고기간 말의 공정가치로 평가한다.

② 평가손익은 기말공정가치와 장부금액(당기 취득: 취득원가, 당기 이전: 전기 말 공정가치)의 차액으로 구하며, 당기손익으로 인식한다.

구분	FVPL
후속측정 (기말 평가)	• 후속측정금액은 공정가치 • 기말공정가치 − 장부금액 = 금융자산평가손익은 당기손익으로 인식

(4) 제거(처분)

① 당기손익 − 공정가치측정(FVPL) 금융자산을 처분하는 경우 처분금액과 장부금액(당기 취득: 취득원가, 당기 이전: 전기 말 공정가치)의 차액은 금융자산처분손익으로 하여, 당기손익으로 인식한다.
② 이때 처분과 직접 관련하여 발생하는 거래원가는 처분금액에서 차감하여 금융자산처분손익에 반영한다.

구분	FVPL
제거(처분)	처분금액 − 장부금액 = 금융자산처분손익은 당기손익으로 인식

02 기타포괄손익 − 공정가치측정(FVOCI) 금융자산

(1) 최초 인식

① 금융상품의 계약당사자가 되는 때에 재무상태표에 인식하며, 최초 인식시점의 공정가치로 측정한다.
② 취득과 직접 관련하여 발생하는 거래원가는 최초 인식하는 공정가치에 가산한다.

구분	FVOCI
취득(최초 인식)	• 취득시점의 공정가치 • 거래원가는 공정가치에 가산(∵ 장기보유목적)

(2) 보유에 따른 손익

현금배당은 지분상품의 발행회사가 배당을 선언하는 경우 배당수익의 과목으로 당기손익으로 인식한다. 배당금은 보유기간에 관계없이 수령한 금액을 배당수익으로 인식한다.

구분	FVOCI
현금배당	수취할 권리가 확정되는 시점에 당기손익으로 인식

(3) 후속측정(기말 평가)

① 보고기간 말의 공정가치로 평가하여 재무상태표에 보고한다.
② 평가손익은 기말공정가치와 장부금액의 차액으로 구하며, 기타포괄손익으로 인식한다.
③ 기타포괄손익(OCI)으로 인식한 금융자산평가손익의 누계액은 재무상태표의 자본항목으로 표시하며, 후속적으로 당기손익으로 이전되지 않는다. 단, 자본 내에서 이익잉여금으로 이전할 수 있다.

(4) 제거(처분)

① 기타포괄손익 – 공정가치측정(FVOCI) 금융자산을 처분하는 경우 처분금액(처분시의 공정가치)으로 먼저 평가하고, 평가손익은 기타포괄손익으로 처리한다.
② 기타포괄손익으로 처리한 기타포괄손익 – 공정가치측정(FVOCI) 금융자산평가손익 누계액은 다른 자본계정(이익잉여금)으로 대체할 수 있으나 당기손익으로 재분류할 수는 없다.
③ 기타포괄손익 – 공정가치측정(FVOCI) 금융자산(지분상품)은 처분하는 경우에도 처분손익을 인식하지 않는다. 단, 처분시 거래원가가 존재하면 처분손실은 인식한다.

합격예제

(주)한국은 20×1년 7월 초 단기매매목적으로 A주식 100주를 ₩7,000에 취득하고 수수료 ₩500을 지출하였다. (주)한국은 20×1년 9월 초 A주식 40주를 ₩4,300에 처분하였고, 20×1년 말 A주식의 공정가치는 ₩5,200이다. 동 주식과 관련하여 (주)한국이 20×1년 포괄손익계산서상 당기순이익에 미치는 영향은?

① 증가 ₩2,000   ② 감소 ₩2,000   ③ 증가 ₩2,500
④ 감소 ₩2,500   ⑤ 증가 ₩3,500

해설

수수료	500	
처분이익	1,500	⇐ 처분금액 ₩4,300 – 직전 장부금액 ₩2,800*1
평가이익	1,000	⇐ 기말 공정가치 ₩5,200 – 직전 장부금액 ₩4,200*2
당기순이익 증가	2,000	

*1 ₩7,000 × 40주/100주 = ₩2,800
*2 ₩7,000 × 60주/100주 = ₩4,200

해답 ①

제6장 재고자산

기본서 p.176~200

제1절 재고자산의 기초이론

01 재고자산의 정의와 종류

정의	재고자산은 정상적인 영업과정에서 판매를 위하여 보유 중이거나 생산 중인 자산 및 생산이나 용역제공에 사용될 원재료나 소모품을 말한다. 재고자산은 일반적으로 1년 이내의 기간에 최종 소비자에게 판매될 것으로 보아 유동자산으로 분류한다.
종류	① 정상적인 영업과정에서 판매를 위하여 보유 중인 자산: 상품, 제품 ② 정상적인 영업과정에서 판매를 위하여 생산 중인 자산: 재공품 ③ 생산이나 용역제공에 사용될 자산: 원재료, 소모품

⚡ 기출

01 가구제조회사가 판매를 위하여 보유하고 있는 가구, 자동차제조회사가 제조공정에 투입하기 위하여 보유하고 있는 원재료는 (　　)에 포함되고, 상품매매회사가 영업활동에 사용하고 있는 차량이나 건설회사가 본사 사옥으로 사용하고 있는 건물은 (　　)에 해당된다.
제24회

02 재고자산이란 정상적인 영업활동과정에서 (　　)를 목적으로 소유하고 있거나 판매할 자산을 (　　)하는 과정에 있거나 제조과정에 (　　)될 자산을 말한다.
제16회

02 재고자산의 분류

자산은 그 보유목적에 따라 그 금액을 측정하여야 정보이용자에게 유용한 정보를 제공할 수 있다. 따라서 다른 자산과 구분하여 볼 때, 재고자산은 판매를 목적으로 보유하는 자산이라는 점에서 사용을 목적으로 보유하고 있는 유형자산과 구별되고, 투자목적으로 보유하는 투자자산과 구별된다.

자산의 분류	영업활동의 성격
유형자산	영업활동에 사용할 목적으로 건물을 보유
투자부동산	시세차익 또는 임대수익을 얻을 목적으로 건물을 보유
재고자산	부동산을 판매하는 기업이 영업활동 과정에서 판매목적으로 건물을 보유

기출정답
01 재고자산, 유형자산
02 판매, 제조, 사용

제2절 재고자산의 취득원가

재고자산의 취득원가는 매입원가, 전환원가 및 재고자산을 현재의 장소에 현재의 상태에 이르게 하는 데 발생한 기타원가 모두를 포함한다.

```
매입원가 = 매입가격 + 매입운임      - 매입에누리와 환출
              + 보관원가           - 매입할인
              + 수입관세 및 제세금  - 리베이트
```

(1) 매입가격

매입가격이란 판매할 상품을 외부에서 구입할 때 그 상품 자체에 대해 공급자에게 지급하기로 약정한 순수한 구매대금으로서, 매입할인이나 매입에누리 등 실질적인 가격인하분은 차감하여 순액으로 계산한다.

(2) 부대비용

부대비용이란 재고자산을 현재의 장소와 상태로 사용하기 위해 직접 소요된 운송비, 보험료, 하역비 등의 부수적 비용으로서, 매입가격에 더하여 재고자산 취득원가를 구성한다.

(3) 매입운임

매입운임은 재고자산이 현재의 장소와 상태에 도달하도록 직접 필요한 비용이므로, 매입가격과 더하여 재고자산의 취득원가에 포함시켜야 한다.

(4) 수입관세와 제세금

수입상품의 경우 관세와 추후 환급받지 못하는 세금은 매입원가에 포함된다. 단, 부가가치세와 같이 추후 환급받을 수 있는 제세금은 제외한다.

(5) 매입에누리와 환출

① **매입에누리**: 상품을 매입한 후 그 상품에 하자가 있거나 혹은 외형상 손상으로 인하여 판매자가 매입가격을 할인해 주는 것을 말한다. 즉, 상품을 그대로 보유하면서 그 결함에 대한 보상으로 할인을 받는 것이다.

② **매입환출**: 매입한 상품의 결함 혹은 파손으로 인하여 구매처에 반품하는 것을 말한다. 즉, 상품 자체를 다시 돌려보내어 계약을 되돌리는 것이므로 매입환출이 발생하면 매입액을 감소시키고 동시에 재고자산을 줄인다. 따라서 매입에누리와 환출은 취득원가에서 차감하여야 한다.

(6) 매입할인

매입할인이란 매입자가 외상으로 매입한 경우, 그 대금을 약정된 기한보다 조기에 결제하여 가격을 할인받는 것을 말한다. 따라서 매입할인은 매입원가를 결정할 때 차감한다.

(7) 리베이트

리베이트란 구매실적에 따라 사후에 공급자가 지급하는 구매장려금으로서, 이는 실질적으로 과거 매입가격을 인하해 주는 효과를 가지므로, 해당 금액만큼 재고자산의 취득원가에서 차감하여 순매입원가를 줄인다.

확인예제

(주)한국의 다음 재고자산 관련 자료를 이용하여 구한 재고자산의 취득원가는?

• 매입가격	₩700,000	• 매입운임	₩5,000
• 매입할인	₩30,000	• 수입관세	₩10,000
• 재료원가, 기타 제조원가 중 비정상적으로 낭비된 부분			₩7,000
• 후속 생산단계에 투입 전 보관이 필요한 경우 이외의 보관원가			₩5,000

① ₩673,000 ② ₩678,000
③ ₩685,000 ④ ₩692,000
⑤ ₩697,000

해설
(1) 재료원가, 기타 제조원가 중 비정상적으로 낭비된 부분은 재고자산의 취득원가에 포함하지 않는다.
(2) 후속 생산단계에 투입 전 보관이 필요한 경우 이외의 보관원가는 재고자산의 취득원가에 포함하지 않는다.
  매입가격(₩700,000) + 매입운임(₩5,000) − 매입할인(₩30,000) + 수입관세(₩10,000) = ₩685,000

해답 ③

제3절 기말재고자산에 포함할 항목 〈빈출〉

(1) 미착상품

구분	재고자산 포함 여부
FOB선적지인도조건	구매자 재고자산에 포함
FOB도착지인도조건	판매자 재고자산에 포함

(2) 적송품

구분	재고자산 포함 여부
수탁자의 판매분	위탁자 재고자산에 포함 ×
수탁자의 미판매분	위탁자 재고자산에 포함 ○

(3) 시송품

구분	재고자산 포함 여부
구매자의 매입의사표시	판매자 재고자산 포함 ×
구매자의 매입의사표시 전	판매자 재고자산 포함 ○

(4) 할부판매상품

구분	재고자산 포함 여부
할부판매(장단기)	판매자 재고자산 포함 ×

(5) 담보제공상품

구분	재고자산 포함 여부
저당권 실행 전	담보제공자 재고자산 포함 ○
저당권 실행 후	담보제공자 재고자산 포함 ×

제4절 재고자산의 원가배분

재고자산을 기초재고액과 당기매입액을 가산한 판매가능액을 판매분(매출원가)과 미판매분(기말재고액)으로 배분하는 것을 원가의 배분이라 한다. 재고자산의 원가배분을 하기 위해서는 판매된 부분과 판매되지 않고 보유하는 부분의 수량과 단가를 결정하여야 한다.

01 수량결정방법

계속기록법	재고자산의 입고(매입)와 출고(판매 또는 사용)를 거래가 발생할 때마다 장부에 연속적으로 기록하여, 언제든지 장부상으로 기말재고수량과 매출원가를 파악할 수 있도록 하는 방법을 말한다. 따라서 기말에 남아 있는 상품이 기말상품재고액이 되고 매출원가는 판매시점에서 기록되므로 기말수정분개가 필요 없는 방법이다.
실지재고조사법	장부상으로는 매입만 기록해 두고 출고량은 따로 기록하지 않으며, 결산 시점에 남아 있는 실제 재고를 실사해 기말재고를 결정하고, 매입을 매출원가로 대체하는 회계처리를 한다. 이것이 기말수정분개이다.

02 단가결정방법 빈출

> **선생님 TIP**
> 후입선출법은 한국채택국제회계기준(K-IFRS)에서 인정하지 않는다.

한국채택국제회계기준에 따르면 통상적으로 상호 교환될 수 없는 재고자산 항목의 원가와 특정 프로젝트별로 생산되고 분리되는 재화 또는 용역의 원가는 개별법을 적용하고, 개별법을 적용할 수 없는 경우 재고자산의 단위원가는 선입선출법이나 가중평균법을 적용하여 결정한다. 이 경우 성격이나 용도면에서 유사한 재고자산은 동일한 단위원가 결정방법을 적용해야 하며, 성격이나 용도면에서 차이가 있는 재고자산에는 서로 다른 단위원가 결정방법을 적용할 수 있다. 다만, 재고자산의 지역별 위치나 과세방식이 다르다는 이유만으로 동일한 재고자산에 다른 단위원가 결정방법을 적용하는 것은 정당화될 수 없다.

개별법	개별법은 식별되는 재고자산별로 특정한 원가를 부과하는 방법이다.
선입선출법	선입선출법이란 동일한 재고자산에 대해 먼저 매입된 재고가 먼저 판매되었다고 가정하여 매출원가는 먼저 구입한 단가로 계산하고, 기말재고자산은 가장 최근에 매입한 단가로 평가하는 방법이다.

| 평균법 | ① 총평균법은 회계기간 동안의 판매 가능한 총원가를 판매 가능한 총수량으로 나누어 계산된 총평균단가를 적용하는 방법으로, 매출원가와 기말재고자산에 동일한 단가가 적용된다. 이 방법은 계속기록법에는 적용될 수 없고 실지재고조사법에서만 적용된다.
② 이동평균법은 판매될 때마다 동 가중평균단가로 매출원가를 계속 기록하는 방법으로 계속기록법에서만 적용된다. |

🔖 암기 PLUS Ⅰ 수량결정방법과 단가결정방법

단가결정 \ 수량결정	실지재고조사법	계속기록법
개별법	○	○
선입선출법	○	○
평균법	총평균법	이동평균법

🔖 암기 PLUS Ⅰ 물가상승과 재고가 증가하는 상황에서 각 평가방법의 비교

구분	크기 비교
판매가능재고	선입선출법 = 이동평균법 = 총평균법 = 후입선출법
기말재고	선입선출법 > 이동평균법 > 총평균법 > 후입선출법
매출원가	선입선출법 < 이동평균법 < 총평균법 < 후입선출법
당기순이익	선입선출법 > 이동평균법 > 총평균법 > 후입선출법
법인세	선입선출법 > 이동평균법 > 총평균법 > 후입선출법
현금흐름	선입선출법 < 이동평균법 < 총평균법 < 후입선출법

확인예제

01 다음은 (주)한국의 재고자산과 관련된 자료이다. 선입선출법으로 평가할 경우 기말재고자산은? (단 재고자산과 관련된 감모손실이나 평가손실 등 다른 원가는 없다)

일자	구분	수량	단가
10월 1일	기초재고	10개	₩100
10월 8일	매입	30개	₩110
10월 15일	매출	25개	₩140
10월 30일	매입	15개	₩120

① ₩3,450　　　　　　　　　　② ₩3,700
③ ₩3,750　　　　　　　　　　④ ₩3,800
⑤ ₩3,850

> [해설]

기말재고자산 = (15개 × ₩110) + (15개 × ₩120) = ₩3,450

해답 ①

02 다음은 (주)한국의 상품 관련 자료이다. 가중평균법에 의한 기말재고자산금액은? (단, 계속기록법을 적용하며, 기초재고는 없다)

구분	수량	단위당 원가
매입(1월 2일)	150개	₩100
매출(5월 1일)	100개	
매입(7월 1일)	250개	₩250
매출(12월 1일)	200개	
기말 실제재고(12월 31일)	100개	

① ₩22,500
② ₩24,000
③ ₩25,000
④ ₩34,000
⑤ ₩40,000

> [해설]

구분		수량	단위당 원가	금액
1월 2일	매입	150개	₩100	₩15,000
5월 1일	매출원가	(100개)		(₩10,000)
	잔액	50개	₩100	₩5,000
7월 1일	매입	250개	₩250	₩62,500
	이동평균단가	300개	₩225	₩67,500
12월 1일	매출원가	(200개)	₩225	(₩45,000)
12월 31일	기말재고자산	100개	₩225	₩22,500

해답 ①

제5절 추정에 의한 재고자산 평가 (빈출)

01 매출총이익률법의 의의

① 매출총이익률법은 과거의 매출총이익률을 이용하여 먼저 당기의 매출원가를 추정한 후 매출원가로부터 기말재고자산을 역산하는 방법이다.
② 매출총이익률법은 화재나 도난 등으로 인하여 기말재고에 대한 적절한 자료를 이용할 수 없는 경우나 재고실사를 하지 않고 내부관리 목적으로 결산을 실시하는 경우에 이용 가능한 방법이다.

02 기말재고액 구하는 방법

(1) 당기(순)매입액

> 순매입액 = 총매입액 + 매입운임 − 매입에누리, 매입환출, 매입할인

(2) 매출원가

① 매출총이익률

> 매출원가 = 매출액 × (1 − 매출총이익률)

② 원가에 대한 이익률

> 매출원가 = 매출액 ÷ (1 + 원가에 대한 이익률)

03 화재소실액 구하는 방법

> 화재손실액 = 기말재고추정액 − 운송 중인 재고(선적지인도조건 매입 + 도착지인도조건 판매) − 정상감모손실 등

제6절 소매재고법(매출가격환원법)

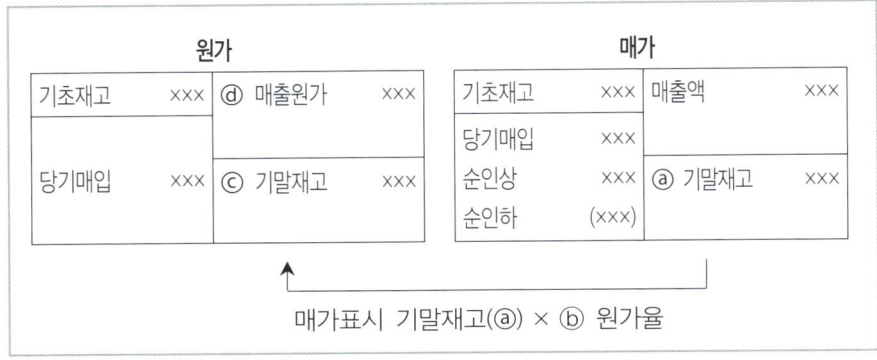

기말재고원가(③) = 기말재고매가(①) × 원가율(②)

① 기말재고자산 = 기초재고자산 + 당기매입상품 + 순인상액 − 순인하액 − 매출액
② 원가율(= 원가/매가)

㉠ 평균법	= $\dfrac{\text{기초재고원가} + \text{순매입원가}}{\text{기초재고매가} + \text{순매입매가} + \text{매가순인상} - \text{매가순인하}}$
㉡ 저가주의 평균법	평균법의 원가율(㉠)에서 '매가순인하'를 차감하지 않음
㉢ 선입선출법	= $\dfrac{\text{순매입원가}}{\text{순매입매가} + \text{매가순인상} - \text{매가순인하}}$
㉣ 저가주의 선입선출법	선입선출법의 원가율(㉢)에서 '매가순인하'를 차감하지 않음

확인예제

(주)한국은 소매재고법을 적용하여 재고자산을 평가하고 있다. 관련 자료가 다음과 같을 때 평균법에 의한 기말상품재고 추정액은?

구분	원가	매가
기초재고	₩110,000	₩100,000
당기매입	₩490,000	₩680,000
순인상액		₩40,000
순인하액		₩20,000
매출액		₩640,000

① ₩100,000 ② ₩120,000 ③ ₩140,000
④ ₩160,000 ⑤ ₩180,000

해설

(1) 기말재고액 추정액 = 기말재고매가 ₩160,000 × 원가율 75% = ₩120,000
(2) 기말재고매가

구분	매가
기초재고	100,000
당기매입	+ 680,000
순인상액	+ 40,000
순인하액	− 20,000
매출액	− 640,000
기말재고매가	= 160,000

(3) 원가율 = $\dfrac{\text{기초재고원가 ₩110,000 + 매입원가 ₩490,000}}{\text{기초재고매가 ₩100,000 + 매입매가 ₩680,000 + 순인상 ₩40,000 − 순인하 ₩20,000}}$ = 75%

해답 ②

제7절 감모손실과 평가손실

01 감모손실

(1) 감모손실의 계산

감모손실 = (장부상 수량 − 실사수량) × 단위당 원가

(2) 감모손실의 회계처리

매출원가 또는 기타비용(감모손실)으로 인식한다.

02 재고자산평가손실(저가평가)

재무상태표상의 재고자산은 저가법으로 평가한다. 저가법은 재고자산의 취득원가와 순실현가능가치를 비교하여 낮은 금액을 재고자산의 평가액으로 하는 방법이다.

(1) 평가손실의 계산

- 평가손실 = (단위당 원가 − 단위당 저가) × 실사수량
- 저가 = Min[취득원가, 순실현가능가치]
- 순실현가능가치 = 예상판매금액 − 예상추가완성원가 − 예상판매비용

선생님 TIP

재고자산감모손실과 재고자산평가손실은 지문형 문제와 계산형 문제가 모두 출제되고 있으므로 핵심용어와 지문을 숙지하고 기말재고 저가평가액, 수정된 매출원가, 총비용 그리고 당기순이익 등의 계산문제 유형을 정리해야 한다.

저가법 적용시 재고자산 종류별 순실현가능가치는 다음과 같다.
① **상품 · 제품 · 재공품**: 순실현가능가치
② **원재료 · 기타 소모품**: 현행대체원가
  ㉠ **순실현가능가치 > 완성될 제품원가**: 원재료에 대하여 저가법을 적용하지 않는다.
  ㉡ **순실현가능가치 < 완성될 제품원가**: 원재료는 저가법을 적용하되, 이 경우 원재료의 현행대체원가는 순실현가능가치에 대한 최선의 이용 가능한 측정치가 될 수 있다.

(2) 평가손익의 회계처리

매출원가 또는 기타비용(평가손실)으로 인식한다.

| (차) 재고자산평가손실(매출원가) ××× | (대) 재고자산평가충당금 ××× |

(3) 평가손실의 환입

최초의 장부금액을 초과하지 않는 범위 내에서 평가손실을 환입한다.
⇨ 수익(×), 비용 차감(○)

확인예제

(주)한국의 기초재고자산은 ₩50,000이고, 당기매입액은 ₩250,000이다. 기말재고 관련 자료가 다음과 같을 때, 매출원가는? (단, 평가손실과 정상감모손실은 매출원가로, 비정상감모손실은 기타비용으로 처리한다)

- 장부상 재고수량   300개   • 기말재고 단위당 원가   ₩200
- 실제 재고수량   250개   • 기말재고 단위당 순실현가능가치   ₩180
- 재고자산감모의 10%는 정상적인 감모로 간주한다.

① ₩241,000 ② ₩246,000 ③ ₩250,000
④ ₩258,000 ⑤ ₩262,000

해설
(1) 매출원가 = 기초재고자산 ₩50,000 + 당기매입액 ₩250,000 − 저가기말재고자산 ₩45,000 − 비정상감모손실 ₩9,000 = ₩246,000
(2) 저가기말재고자산 = 실사수량 250개 × 단위당 순실현가능가치 ₩180 = ₩45,000
(3) 비정상감모손실 = 감모손실 ₩10,000 × 90% = ₩9,000
(4) 감모손실 = (장부수량 300개 − 실사수량 250개) × 단위당 원가 ₩200 = ₩10,000

해답 ②

제8절 재고자산 관련 중요 한국채택국제회계기준(K-IFRS)

평가손실	① 재고자산은 취득원가와 순실현가능가치 중 낮은 금액으로 측정한다 (저가법). ② 완성될 제품이 원가 이상으로 판매될 것으로 예상하는 경우에는 그 생산에 투입하기 위해 보유하는 원재료 및 기타 소모품을 감액하지 아니한다. ③ 순실현가능가치는 정상적인 영업과정의 예상판매가격에서 예상되는 추가완성원가와 판매비용을 차감한 금액을 말한다. 　　순실현가능가치 = 예상판매가격 − 예상추가완성원가 − 예상판매비 ④ 원재료의 현행 대체원가는 순실현가능가치에 대한 최선의 이용 가능한 측정치가 될 수 있다. ⑤ 확정판매계약을 이행하기 위하여 보유하고 있는 재고자산의 순실현가능가치는 계약가격에 기초하여, 확정판매계약의 이행에 필요한 수량을 초과하는 경우에는 일반판매가격에 기초한다. ⑥ 다음의 경우에는 재고자산의 원가를 회수하기 어려울 수 있다. 　㉠ 물리적으로 손상된 경우 　㉡ 완전히 또는 부분적으로 진부화된 경우 　㉢ 판매가격이 하락한 경우 　㉣ 완성하거나 판매하는 데 필요한 원가가 상승한 경우 ⑦ 재고자산을 순실현가능가치로 감액하는 저가법은 항목별로 적용한다. ⑧ 서로 유사하거나 관련있는 항목들을 통합하여 적용하는 것이 적절할 수 있다. 　✚ 총액기준은 한국채택국제회계기준(K-IFRS)에서 인정하지 않는다.
비용인식	① 재고자산의 판매시 관련된 수익을 인식하는 기간에 재고자산의 장부금액을 비용으로 인식한다. ② 재고자산을 순실현가능가치로 감액한 평가손실과 모든 감모손실은 감액이나 감모가 발생한 기간에 비용으로 인식한다.
평가손실 환입	① 매 후속기간에 순실현가능가치를 재평가한다. ② 재고자산의 감액을 초래했던 상황이 해소되거나 경제상황의 변동으로 순실현가능가치가 상승한 명백한 증거가 있는 경우에는 최초의 장부금액을 초과하지 않는 범위 내에서 평가손실을 환입한다. ③ 따라서 평가손실을 환입한 결과의 새로운 장부금액은 취득원가와 수정된 순실현가능가치 중 작은 금액이 된다. ④ 순실현가능가치의 상승으로 인한 재고자산평가손실의 환입은 환입이 발생한 기간의 비용으로 인식된 재고자산금액의 차감액으로 인식한다.

⚡기출

01 완성될 제품이 원가 이상으로 판매될 것으로 예상하는 경우에는 그 생산에 투입하기 위해 보유하는 원재료 및 기타 소모품을 (　) 하지 아니한다. 제25회

⚡기출

02 재고자산을 순실현가능가치로 감액하는 저가법은 (　)별로 적용한다. 제23회

03 재고자산을 순실현가능가치로 감액한 평가손실과 모든 감모손실은 감액이나 감모가 발생한 기간에 (　)으로 인식한다. 제23회

기출정답
01 감액
02 항목
03 비용

제7장 유형자산

기본서 p.216~242

제1절 유형자산의 최초측정(취득원가) 〈빈출〉

01 취득원가의 구성요소

선생님 TIP
일반적 취득원가 측정의 구성요소 내용과 원가를 구성하지 아니하는 것에 대한 구분을 지문형과 계산형으로 모두 정리해야 한다.

유형자산의 취득원가는 해당 자산을 현존하는 상태와 위치로 가져오기 위해 지출했거나 발생한 금액으로 결정하며, 구입가격에 정상적으로 발생한 부대비용을 가산한 금액으로 측정된다. 취득일에 인식하는 유형자산의 원가는 다음과 같이 구성된다.

> 유형자산의 원가 = 구입가격 + 직접 관련 원가 + 추정복구원가

구입가격	관세 및 환급 불가능한 취득 관련 세금은 가산하고 매입할인과 리베이트 등은 차감한다.
직접 관련 원가	① 유형자산의 매입 또는 건설과 직접적으로 관련되어 발생한 종업원급여(인건비) ② 설치장소 준비원가 ③ 최초의 운송 및 취급 관련 원가 ④ 설치원가 및 조립원가 ⑤ 시운전비: 유형자산이 정상적으로 작동되는지의 여부를 시험하는 과정에서 발생하는 원가[시험과정에서 생산된 재화(시제품)의 매각금액과 재화의 원가는 당기손익 인식] ⑥ 전문가에게 지급하는 수수료
복구원가	유형자산의 원상복구를 위해서 자산을 해체, 제거하거나 부지를 복구하는 데 소요될 것으로 최초에 추정되는 원가는 취득원가에 포함한다. ① **취득시**: 취득시 유형자산의 복구원가는 적정한 이자율로 할인한 현재가치금액을 복구충당부채의 과목으로 부채로 인식하고, 동 금액을 해당 유형자산의 취득원가에 포함한다. ② **결산시**: 결산시에는 복구원가의 현재가치가 포함된 유형자산의 취득원가에 근거하여 감가상각을 하고, 복구충당부채는 유효이자율을 적용한 이자상당액을 이자비용으로 하여 당기비용으로 인식하며 복구충당부채에 가산한다. ③ **실제 복구비용 발생시**: 실제 복구비용이 지출되는 시점에서 이미 계상되어 있는 복구충당부채금액과 실제 발생된 복구공사비와의 차액은 실제 복구가 진행되는 회계기간의 손익으로 인식한다.

⚡ 기출

01 유형자산이 정상적으로 작동되는지의 여부를 시험하는 과정에서 발생하는 원가를 나타내는 시운전비는 직접 관련 원가에 가산한다. 이 경우 시험과정에서 생산된 시제품 매각금액과 재화의 원가는 취득원가에 고려하지 않고 (   )으로 인식한다.   제24회

기출정답
01 당기손익

02 유형자산의 원가에 포함하지 않는 예

① 새로운 시설을 개설하는 데 소요되는 원가(시설개시비용)
② 새로운 상품과 서비스를 소개하는 데 소요되는 원가(광고 및 판매촉진활동 관련 원가)
③ 새로운 지역이나 새로운 고객층을 대상으로 영업하는 데 소요되는 원가(직원교육훈련비)
④ 관리비와 기타 일반간접원가(청소용역비용)
⑤ 유형자산이 경영진이 의도하는 방식으로 가동될 수 있으나 아직 실제로 사용되지 않고 있는 경우 또는 가동수준이 완전조업도 수준에 미치지 못하는 경우에 발생하는 원가
⑥ 유형자산과 관련된 산출물에 대한 수요가 형성되는 과정에서 발생하는 초기 가동손실
⑦ 기업의 영업 전부 또는 일부를 재배치하거나 재편성하는 과정에서 발생한 원가

03 취득유형별 원가의 결정

일괄취득	총원가를 개별자산의 공정가치비율로 안분한다.		
건물 철거 후 신축	구분	건물 장부금액	철거비
	토지와 건물을 일괄구입 후 철거	–	토지의 취득원가에 포함 + 부산물 판매수입은 차감
	사용 중인 건물 철거	비용(처분손실) 처리	비용(처분손실) 처리 + 부산물 판매수입은 차감
자가건설	자가건설의 경우 건물의 취득원가는 건설에 소요되는 재료원가, 노무원가, 제조간접원가의 합계액을 원가로 하며 고정제조간접원가 배부액을 포함한다. 다만, 자가건설에 따른 내부이익과 자가건설과정에서 발생한 원재료, 인력 및 기타 자원의 낭비로 인한 비정상적인 원가는 자산의 원가에 포함하지 않는다.		
장기연불 조건	① 미래에 지급할 총액이 아니라, 그 총액의 현재가치가 된다. ② 현금가격상당액과 실제 총지급액과의 차액을 현재가치할인차금으로 계상하고, 대금지급기간 동안에 걸쳐 유효이자율법을 적용하여 이자비용으로 인식한다.		
현물출자	공정가치		

⚡기출

01 유형자산과 관련된 산출물에 대한 수요가 형성되는 과정에서 발생하는 초기 가동손실은 취득원가에 (   ) 항목이다. 제23회

02 새로운 상품과 서비스를 소개하는 데 소요되는 원가는 취득원가에 (   ). 제22회

03 새로운 시설을 (   )하는 데 소요되는 원가는 유형자산의 취득원가에 포함되지 않는다. 제26회

04 기업의 영업전부를 (   )하는 과정에서 발생하는 원가는 유형자산의 장부금액에 포함하지 않는다. 제26회

05 토지와 건물을 구입하여 토지만 사용하는 경우 발생한 건물의 철거비용은 토지의 원가에 (   )하고 폐자재 처분수입은 (   )하여 토지의 원가를 측정한다. 제16회

06 건물신축을 위해 사용 중인 기존 건물을 철거하는 경우 철거비용은 전액 (   )으로 회계처리한다. 제12회

07 유형자산을 장기후불조건으로 구입하는 경우에는 취득시 (   )을 취득원가로 한다. 제12회

08 현물출자받은 유형자산의 취득원가는 (   )를 기준으로 결정한다. 제17회

기출정답

01 포함되지 않는
02 포함되지 않는다
03 개설
04 재배치
05 가산, 차감
06 당기비용
07 현금가격상당액(현재가치)
08 공정가치

선생님 TIP
- 보유 중에 발생하는 재산세, 종합부동산세 등은 취득원가에 포함되지 않는다.
- 철거비용은 토지와 건물을 구입해서 철거하는 경우와 사용 중인 건물을 철거하는 경우로 구분하여 지문형과 계산형 모두 정리해야 한다.

구분			취득원가		처분손익
교환	상업적 실질 존재	원칙	제공자산의 공정가치가 명백한 경우	제공자산의 공정가치 + 현금지급액 - 현금수령액	제공자산의 공정가치 - 제공자산의 장부금액
		예외	취득자산의 공정가치가 더 명백한 경우	취득자산의 공정가치(현금 고려 ×)	취득자산의 공정가치 - 제공자산의 장부금액 + 현금수령
	상업적 실질 결여		제공자산의 장부금액 + 현금지급액 - 현금수령액		인식 ×

| 정부보조금 | ① 정부보조금 회계처리방법(자산차감법): 수령한 정부보조금을 자산의 취득원가에서 직접 차감하는 방법으로, 회계처리는 자산의 장부금액이 낮아지므로, 내용연수 동안 감가상각비와 상계하여 감소시키는 방법을 통해 당기손익으로 인식하며, 해당 유형자산을 처분하는 경우 그 잔액을 처분손익에 반영한다. |

구분	차변		대변	
유형자산 취득	유형자산	×××	현금 정부보조금 (자산 차감계정)	××× ×××
감가상각	감가상각비	×××	감가상각누계액	×××
정부보조금 상각	정부보조금	×××	감가상각비	×××
유형자산 처분	감가상각누계액 정부보조금 현금	××× ××× ×××	유형자산 처분이익	××× ×××

② 감가상각비와 처분이익 계산(정액법 가정)

감가상각비	(㉠ 회사부담액 - 잔존가치) × 1/내용연수
	➕ ㉠ 회사부담액 = 취득원가 - 정부보조금
처분이익	㉠ 순매각금액 - ㉡ 직전 장부금액
	➕ ㉠ 순매각금액 = 매각금액 - 매각 관련 부대비용 ㉡ 직전 장부금액 = 회사부담액 - 회사부담액을 기초로 계산한 감가상각누계액

📝 암기 PLUS | 토지의 원가

토지원가	① 구입가격 ② 토지를 사용가능한 상태로 만드는 데 직접 관련되는 원가: 소유권이전비용(중개수수료, 취득세, 등기비용, 법률수수료 등), 토지정지공사비, 토지구획정리공사비, 개발부담금 등	
상하수도공사비, 조경공사비 등	내용연수가 영구적인 경우	토지원가에 포함
	내용연수가 유한한 경우	별도 구축물계정으로 인식하고 내용연수 동안에 감가상각

확인예제

01 (주)한국은 공장에 설치할 기계장치를 ₩1,000,000에 구입하였다. 이 기계장치와 관련하여 다음과 같은 지출이 있었다.

• 설치장소 준비원가	₩10,000
• 최초 운송 및 취급 관련 원가	₩20,000
• 설치원가 및 조립원가	₩30,000
• 정상적으로 작동되는지 시험과정에서 발생하는 원가	₩40,000
• 전문가에게 지급한 수수료	₩10,000
• 기계장치 초기가동손실	₩20,000

한편, 시험과정에서 생산된 재화의 순매각금액이 ₩10,000일 때, 기계장치의 취득원가는?

① ₩980,000 ② ₩990,000
③ ₩1,000,000 ④ ₩1,110,000
⑤ ₩1,200,000

해설

구입가격		1,000,000
설치장소 준비원가	+	10,000
최초 운송 및 취급 관련 원가	+	20,000
설치원가 및 조립원가	+	30,000
정상적으로 작동되는지 시험과정에서 발생하는 원가	+	40,000
전문가에게 지급한 수수료	+	10,000
기계장치 취득원가	=	1,110,000

해답 ④

02 (주)한국은 소유하고 있던 유형자산을 (주)대한이 소유하고 있는 유형자산과 교환하였다. 두 회사가 소유하고 있는 유형자산의 장부금액과 공정가치는 다음과 같다. 한편, 이 교환과 관련하여 (주)한국은 (주)대한으로부터 현금 ₩10,000을 추가로 수취하였다. 이 교환거래가 상업적 실질이 있는 경우 (주)한국과 (주)대한이 인식할 유형자산의 취득원가는 각각 얼마인가?

구분	(주)한국	(주)대한
취득원가	₩200,000	₩300,000
감가상각누계액	₩150,000	₩200,000
공정가치	알 수 없음	₩110,000

	(주)한국 취득원가	(주)대한 취득원가
①	₩110,000	₩120,000
②	₩110,000	₩110,000
③	₩120,000	₩100,000
④	₩120,000	₩110,000
⑤	₩100,000	₩100,000

해설

(1) (주)한국 취득원가 = 취득자산 공정가치 ₩110,000
(2) (주)대한 취득원가 = 제공자산 공정가치 ₩110,000 + 현금지급액 ₩10,000 = ₩120,000

해답 ①

제2절 취득 후 추가지출(후속원가)

(1) 유형자산을 취득하여 사용하고 있는 기간 중에 여러 형태의 지출이 발생하는데, 지출은 자본적 지출과 수익적 지출로 구분할 수 있다.

자산처리(자본적 지출)	비용처리(수익적 지출)
자산의 인식기준을 충족한 지출 ① 내용연수 연장 ② 생산량 증대, 품질 향상 등	자산의 인식기준을 충족하지 않는 지출 ① 원상복구 ② 능률 유지 등

(2) 한국채택국제회계기준에서는 명시적으로 자본적 지출과 수익적 지출이라는 용어를 사용하지 않으나 기업의 실무 회계처리과정에서 사용해도 무방하다.

⚡ 기출

01 사용 중인 유형자산의 정기적인 종합검사에서 발생하는 원가는 자산인식요건에 충족하는 경우 해당 자산의 장부금액에 (   )하지 못하는 경우에는 지출시점에 (   )으로 인식한다.

제26회

기출정답

01 포함, 당기손익

| **사례** | 추가원가

취득 후 추가지출	회계처리	
증설원가	유형자산의 장부금액에 포함	
일상적인 수선·유지원가	발생시점에 비용(당기손익)으로 인식	
정기적인 주요 부품 등 대체원가 (반복·비반복)	자산 인식기준 충족	유형자산의 장부금액에 포함
정기적인 종합검사원가 (반복·비반복)	자산 인식기준 불충족	비용(당기손익)으로 인식

제3절 감가상각 빈출

01 감가상각의 의의

감가상각은 자산가치의 감소를 체계적으로 인식하여 합리적으로 비용을 배분하는 과정이다.

02 감가상각의 기간

개시	유형자산의 감가상각은 자산이 사용 가능한 때부터 시작한다. 즉, 경영진이 의도하는 방식으로 자산을 가동하는 데 필요한 장소와 상태에 이른 때부터 감가상각을 시작한다.
중단	① 감가상각은 자산이 매각예정자산으로 분류되는 날과 유형자산이 제거되는 날 중 이른 날에 중단한다. ② 유형자산이 가동되지 않거나 유휴상태가 되더라도, 감가상각이 완전히 이루어지기 전까지는 감가상각을 중단하지 않는다. ③ 유형자산의 공정가치가 장부금액을 초과하더라도 잔존가치가 장부금액을 초과하지 않는 한 감가상각은 계속 인식한다. ④ 유형자산의 잔존가치는 장부금액과 같거나 큰 금액으로 증가할 수 있다. 이 경우 유형자산의 잔존가치가 해당 자산의 장부금액 이상인 경우 잔존가치가 장부금액보다 작은 금액으로 감소될 때까지 감가상각은 영(₩0)이 된다.

선생님 TIP
- 연도별 감가상각비의 계산과 기말시점의 감가상각누계액의 계산을 구분하여 학습해야 한다.
- 연수합계법의 경우 연도별로 상각률이 상이하므로 월할상각의 계산에 주의한다.

03 감가상각의 회계처리

회계처리	(차) 감가상각비 ××× (대) 감가상각누계액 ××× (자산차감계정)	
감가상각액 처리	다른 자산의 제조와 관련된 경우	그 자산의 장부금액(원가)에 포함 ① 제조설비의 감가상각액: 재고자산(제품) ② 개발활동에 사용되는 감가상각액: 무형자산(개발비)
	그 이외의 경우	당기손익으로 인식

⚡기출

01 유형자산의 감가상각방법과 잔존가치 그리고 내용연수는 적어도 매 회계연도 말에 (　)한다. 제23회

02 유형자산의 감가상각 대상금액을 내용연수동안 체계적으로 배부하기 위해 (　)한 감가상각방법을 사용할 수 있다. 제16회

03 잔존가치와 내용연수의 변경은 (　)으로 회계처리한다. 제21회

04 감가상각방법

(1) 감가상각비의 산정

정액법	감가상각비 = (취득원가 − 잔존가치) × $\dfrac{1}{\text{내용연수}}$	
체감잔액법	연수합계법	감가상각비 = (취득원가 − 잔존가치) × $\dfrac{\text{내용연수 역순}}{\text{내용연수 합계}}$
	정률법	감가상각비 = (취득원가 − 감가상각누계액) × 상각률
	이중체감법	감가상각비 = (취득원가 − 감가상각누계액) × 이중체감률* * 이중체감률 = $\dfrac{1}{\text{내용연수}} \times 2$
생산량비례법	감가상각비 = (취득원가 − 잔존가치) × $\dfrac{\text{실제 생산량}}{\text{추정 총생산량}}$	

(2) 회계변경

잔존가치·내용연수 및 감가상각방법을 매 회계연도 말에 재검토한 결과 변경한 경우 그 변경은 '회계추정의 변경'으로 회계처리한다.

기출정답
01 재검토
02 다양
03 회계추정의 변경

> **확인예제**

01 (주)한국은 20×1년 7월 1일 토지와 건물을 ₩2,000,000에 일괄 취득하였으며, 취득 당시 토지의 공정가치는 ₩1,000,000, 건물의 공정가치는 ₩1,500,000이었다. 건물의 경우 원가모형을 적용하며, 정액법(내용연수 3년, 잔존가치 ₩0)으로 상각한다. 건물에 대해 20×2년에 인식할 감가상각비는?

① ₩200,000
② ₩300,000
③ ₩400,000
④ ₩525,000
⑤ ₩550,000

해설

(1) 건물 20×2년 감가상각비 = (취득원가 ₩1,200,000 − ₩0) × 1/3 × 6/12 = ₩200,000
(2) 건물 취득원가 = ₩2,000,000 × (₩1,500,000 / ₩2,500,000) = ₩1,200,000

해답 ①

02 (주)한국은 20×1년 1월 1일 기계장치를 ₩4,500,000에 구입하였으며, 설치 및 시험가동 등으로 ₩500,000을 지출하였다. 이로 인해 기계장치는 20×1년 7월 1일부터 사용 가능하게 되었다. 동 기계장치의 내용연수는 5년, 잔존가치는 ₩500,000으로 추정되며, 연수합계법으로 감가상각을 한다. (주)한국의 20×2년 말 동 기계장치의 장부금액은?

① ₩2,000,000
② ₩2,100,000
③ ₩2,400,000
④ ₩2,600,000
⑤ ₩2,900,000

해설

20×2년 말 장부금액 = (₩5,000,000 − ₩500,000) × 8/15 + ₩500,000 = ₩2,900,000

해답 ⑤

제4절 유형자산의 손상

01 손상차손

손상차손	매 보고기간 말마다 자산손상을 시사하는 징후가 있는지를 검토한 후, 만약 그러한 징후가 있다면 해당 자산의 회수가능액을 추정하여 손상차손을 인식한다. 당해 자산의 회수가능액이 장부금액에 미달하는 경우 자산의 장부금액을 회수가능액으로 감소시킨다.

계산	손상차손 = 직전 장부금액 − 회수가능액*
	* 회수가능액 = Max[① 순공정가치, ② 사용가치] ① 순공정가치 = 공정가치 − 처분부대원가
회계처리	(차) 유형자산손상차손　　×××　(대) 유형자산손상차손누계액　××× 　　　(당기손익)　　　　　　　　　　　　　(자산차감계정)

02 손상차손환입

손상차손 환입	과거에 인식한 손상차손이 더 이상 존재하지 않거나 감소된 것을 시사하는 징후가 있는지를 검토한다. 만약 그러한 징후가 있다면 해당 자산의 회수가능액을 측정하고 회수가능액이 장부금액보다 크다면 손상차손환입을 인식한다. 이 경우 처음부터 손상차손을 인식하지 않았다면 계상되었을 기말장부금액을 한도로 손상차손을 환입한다.
계산	환입액 = Min[① 회수가능액, ② 한도*] − 환입 전 장부금액
	* 한도: 손상차손을 인식하기 전 장부금액의 감가상각 후 잔액
회계처리	(차) 유형자산손상차손누계액　×××　(대) 유형자산손상차손환입　××× 　　　　　　　　　　　　　　　　　　　　(당기손익)

확인예제

(주)한국은 20×1년 초 기계장치(취득원가 ₩3,600, 잔존가치 ₩0, 내용연수 5년, 정액법 상각)를 취득하고 원가모형을 적용하였다. 20×1년 말 동 기계장치에 손상 징후를 검토한 결과, 사용가치와 순공정가치가 각각 ₩1,500, ₩1,600으로 추정되어 손상차손을 인식하였으며, 20×2년 말 회수가능액이 ₩2,200으로 회복되었다. 동 자산에 대한 20×2년도 손상차손환입액은?

① ₩720　　　　　　　　　　　② ₩960
③ ₩1,000　　　　　　　　　　④ ₩1,280
⑤ ₩1,600

해설

(1) 20×2년 손상차손환입액 = ₩2,160* − 환입 직전 장부금액 ₩1,200 = ₩960
　　* Min[① 한도 = ₩2,880 × 3/4 = ₩2,160, ② 회복 회수가능액 ₩2,200] = ₩2,160
(2) 환입 직전 장부금액 = ₩1,600 × 3/4 = ₩1,200

해답 ②

제5절 유형자산의 후속측정 〈빈출〉

01 원가모형과 재평가모형

최초인식 후에는 원가모형이나 재평가모형 중 하나를 회계정책으로 선택하여 유형자산 분류별로 동일하게 적용하여야 한다.

원가모형	당초 취득원가에서 감가상각누계액과 손상차손누계액을 차감한 금액을 유형자산의 장부금액으로 보고하는 방법
재평가모형	재무상태표 작성일의 공정가치에서 이후의 감가상각누계액과 손상차손누계액을 차감한 재평가금액을 유형자산의 장부금액으로 보고하는 방법

02 재평가모형

재평가의 빈도	자산의 장부금액이 공정가치와 중요하게 차이가 나지 않도록 주기적으로 수행한다.	
	공정가치의 변동이 유의적이고 급격한 경우	매년 재평가
	공정가치의 변동이 경미한 경우	매년 재평가 불필요
분류별 재평가	특정 유형자산을 재평가할 때, 해당 자산이 포함되는 유형자산 분류 전체를 재평가한다.	

03 재평가증감액의 인식

최초 평가시 평가증이 먼저 발생한 경우	① 최초 평가시 장부금액보다 재평가금액이 증가한 경우 그 증가액은 기타포괄손익으로 인식한다. 동 금액은 재무상태표에 재평가잉여금(기타포괄손익누계액)으로 대체된다. ② 최초 평가시 평가증 이후 평가감이 발생한 경우에는 그 자산에 대한 재평가잉여금의 잔액(자본잔액)을 한도로 재평가감소액을 기타포괄손익으로 인식한다. 그리고 동 금액의 자본(재평가잉여금)을 감소시킨다. 이 경우 재평가잉여금을 초과하면 당기손익(재평가손실)으로 인식한다.
최초 평가시 평가감이 먼저 발생한 경우	① 최초 평가시 장부금액보다 재평가금액이 감소한 경우 평가감은 당기손익(재평가손실)으로 인식한다. ② 최초 평가시 평가감 이후 재평가금액이 증가한 경우에는 전기에 인식한 재평가손실만큼 당기손익을 인식한다. 그리고 초과액은 기타포괄손익으로 인식하고 동 금액은 재무상태표에 재평가잉여금(기타포괄손익누계액)으로 대체된다.

⚡ 기출

01 동일한 분류 내의 유형자산은 동시에 재평가한다. 그러나 재평가가 단기간에 수행되고 계속적으로 갱신된다면, 동일한 분류에 속하는 자산이라 하더라도 (   )으로 재평가할 수 있다. 제20회

02 자산의 장부금액이 재평가로 인하여 감소된 경우에 그 자산에 대한 재평가잉여금의 잔액이 있는 경우는 그 금액을 한도로 재평가잉여금의 과목으로 자본에 누계한 금액을 (   )시킨다.
제20회

★ 암기 PLUS | 재평가증감액의 계산과 회계처리

계산			재평가증감액 = 당기말 공정가치 − 직전 장부금액
회계처리	최초 재평가시	재평가증가액	기타포괄손익(재평가잉여금 증가)으로 인식
		재평가감소액	당기손익(재평가손실)으로 인식
	후속 재평가시	재평가증가액	전기까지 인식한 재평가손실을 당기손익(재평가이익)으로 차감하고, 초과액은 기타포괄손익(재평가잉여금 증가)으로 인식
		재평가감소액	전기까지 인식한 재평가잉여금을 기타포괄손익(재평가잉여금 감소)으로 차감하고, 초과액은 당기손익(재평가손실)으로 인식

04 재평가잉여금을 이익잉여금으로 대체

⚡ 기출

03 유형자산항목과 관련하여 자본에 계상된 재평가잉여금은 그 자산이 제거될 때 (   )으로 직접 대체할 수 있다. 제20회

대체	자산의 처분	해당 자산이 처분되거나 폐기될 때에는 더 이상 재평가잉여금으로 남아 있을 필요가 없기 때문에 이를 이익잉여금으로 대체할 수 있다.
	자산의 사용	재평가대상 자산이 상각대상 자산인 경우에는 기업이 자산을 사용하는 기간 동안 자산재평가잉여금의 일부를 이익잉여금으로 대체할 수도 있다. 이 경우 재평가된 금액에 근거한 감가상각비와 최초원가에 근거한 감가상각비의 차이가 이익잉여금으로 대체되는 금액이 된다.
회계처리		(차) 재평가잉여금 ××× (대) 이익잉여금 ×××

기출정답
01 순차적
02 감소
03 이익잉여금

> **확인예제**

(주)한국은 20×1년 토지를 ₩1,000에 취득한 후 매년 재평가모형을 적용하여 평가하고 있다. 20×1년 말과 20×2년 말 공정가치는 각각 ₩800과 ₩1,100이다. 다음 설명 중 옳지 않은 것은?

① 20×1년 당기순이익은 ₩200 감소한다.
② 20×1년 기타포괄손익은 영향이 없다.
③ 20×2년 당기순이익은 ₩200 증가한다.
④ 20×2년 총포괄이익은 ₩300 증가한다.
⑤ 20×2년 말 기타포괄손익누계액은 ₩200이다.

해설
20×2년 말 기타포괄손익누계액은 ₩100이다.

해답 ⑤

제6절 유형자산의 처분(제거) 〈빈출〉

01 처분시 회계처리

순매각금액 > 직전 장부금액	(차)	감가상각누계액 현금	××× ×××	(대)	유형자산 처분이익	××× ×××
순매각금액 < 직전 장부금액	(차)	감가상각누계액 현금 처분손실	××× ××× ×××	(대)	유형자산	×××

02 처분손익 계산

처분손익 = ① 순매각금액 − ② 직전 장부금액

✚ ① 순매각금액 = 총매각금액 − 매각 관련 부대비용
　② 직전 장부금액 = 취득원가 − 감가상각누계액

⚡기출

01 유형자산처분손익은 (　) 매각금액이 아니라 (　) 매각금액과 장부금액의 차이로 결정한다. 제23회

기출정답

01 총, 순

📘 암기 PLUS | 유형자산계정과 감가상각누계액계정

1. T계정법

유형자산

기초	( )	처분자산의 취득원가	(①)
취득	( )	기말	( )

감가상각누계액

처분자산의 감가상각누계액	(②)	기초	( )
기말	( )	감가상각비	( )

2. 공식법

> 처분손익 = 순매각금액(순현금유입액) − 직전 장부금액*

* 직전 장부금액 = ① 처분자산의 취득원가 − ② 처분자산의 감가상각누계액

확인예제

(주)한국은 20×1년 1월 1일에 기계장치를 ₩200,000에 취득하였고, 연수합계법으로 감가상각한다. 기계장치의 내용연수는 5년이고, 잔존가치는 ₩20,000이다. 20×3년 6월 30일에 ₩80,000에 처분하였을 때, 동 기계장치의 처분손익은? (단, 기계장치는 월할상각한다)

① 이익 ₩6,000   ② 손실 ₩6,000
③ 이익 ₩10,000   ④ 손실 ₩10,000
⑤ 이익 ₩11,000

해설

(1) 20×3년 6월 30일 기계장치 처분이익 = 처분금액 ₩80,000 − 직전 장부금액 ₩74,000 = ₩6,000
(2) 직전 장부금액 = (₩200,000 − ₩20,000) × 4.5*/15 + ₩20,000 = ₩74,000
 * 잔여내용연수 합계 = (3 × 6/12) + 2 + 1 = 4.5

해답 ①

제8장 무형자산

기본서 p.254~265

제1절 무형자산의 정의와 특징(K-IFRS 제1038호) 빈출

정의	무형자산은 기업이 영업활동에 사용하기 위하여 장기적으로 보유하고 있으며, 물리적 실체가 없지만 식별 가능하고 기업이 통제하고 있으며 미래 경제적 효익이 있는 비화폐성 자산을 말한다.
충족 요건	① 무형자산은 식별가능하다. 　㉠ 자산이 분리가능하다. 　㉡ 자산이 계약상 권리 또는 기타 법적 권리로부터 발생한다. ② 무형자산은 기업이 통제하고 있다. 　✚ 권리의 법적 집행가능성이 통제의 필요조건은 아니다. ③ 무형자산은 미래 경제적 효익이 기업에 유입되리라고 기대되는 자산이다.
분류	① 성격과 용도에 따른 분류 　　㉠ 브랜드명 　　㉡ 제호와 출판표제 　　㉢ 컴퓨터소프트웨어 　　㉣ 라이선스와 프랜차이즈 　　㉤ 저작권, 특허권, 기타 산업재산권, 용역운영권 　　㉥ 기법, 방식, 모형, 설계 및 시제품 　　㉦ 개발 중인 무형자산(개발비) 등 ② 상각 여부에 따른 분류 <table><tr><td>상각자산</td><td>유한내용연수 무형자산</td></tr><tr><td>비상각자산</td><td>비한정내용연수 무형자산</td></tr></table>
인식 기준	① 자산에서 발생하는 미래 경제적 효익이 기업에 유입될 가능성이 높다. ② 자산의 원가를 신뢰성 있게 측정할 수 있다. ✚ 위의 조건은 무형자산을 취득하거나 내부적으로 창출하기 위하여 최초로 발생한 원가와 취득이나 완성 후에 증가·대체·수선을 위하여 발생한 원가에 적용한다.
측정	최초측정 : 최초로 인식할 때에는 원가로 측정한다. 후속측정 : 최초인식 후에는 무형자산의 회계정책으로 원가모형이나 재평가모형을 선택할 수 있다.

⚡ 기출

01 무형자산의 회계정책으로 (　　)이나 (　　)을 선택할 수 있다. 제22회

02 최초에 비용으로 인식한 무형항목에 대한 지출은 그 이후에 무형자산의 취득원가로 인식할 수 (　　). 제22회

기출정답
01 원가모형, 재평가모형
02 없다

제2절 무형자산의 인식과 측정

01 개별취득

(1) 원가의 구성

구입가격	매입할인과 리베이트를 차감하고 수입관세와 환급받을 수 없는 제세금을 포함한다.
직접 관련 원가	자산을 의도한 목적에 사용할 수 있도록 준비하는 데 직접 관련되는 원가를 말한다. ① 자산을 사용가능한 상태로 만드는 데 직접적으로 발생하는 종업원급여 ② 자산을 사용가능한 상태로 만드는 데 직접적으로 발생하는 전문가수수료 ③ 자산이 적절하게 기능을 발휘하는지 검사하는 데 발생하는 원가

(2) 원가에 포함하지 않는 지출의 예

① 새로운 제품이나 용역의 홍보원가(광고와 판매촉진활동 원가를 포함)
② 새로운 지역에서 또는 새로운 계층의 고객을 대상으로 사업을 수행하는 데서 발생하는 원가(교육훈련비를 포함)
③ 관리원가와 기타 일반경비원가

02 사업결합 취득

사업결합으로 취득하는 무형자산의 취득원가는 취득일 공정가치로 한다.

03 내부적으로 창출 〈빈출〉

(1) 내부적으로 창출한 브랜드, 제호, 출판표제, 고객목록과 이와 실질이 유사한 항목은 무형자산으로 인식하지 아니한다.

(2) 내부적으로 창출한 영업권은 자산으로 인식하지 아니한다.

(3) 지출의 회계처리

연구단계	발생시점에 전액 비용(연구비)으로 인식
개발단계	• 자산인식요건을 충족한 경우: 무형자산(개발비) • 자산인식요건을 충족하지 않은 경우: 비용(경상개발비)

⚡기출

01 내부적으로 창출한 브랜드와 고객목록은 무형자산으로 (　　)하지 아니한다. 제15회

02 내부적으로 창출된(　　)은 무형자산으로 인식하지 아니한다. 제16회

기출정답
01 인식
02 영업권

① 개발단계 지출의 자산인식요건

> ㉠ 완성할 수 있는 기술적 실현 가능
> ㉡ 사용·판매하려는 기업 의도
> ㉢ 사용·판매할 수 있는 기업 능력
> ㉣ 미래 경제적 효익을 창출하는 방법
> ㉤ 기술적·재정적 자원 등 입수 가능
> ㉥ 신뢰성 있게 측정할 수 있는 기업 능력

② 연구활동과 개발활동

연구활동	㉠ 새로운 지식을 얻고자 하는 활동 ㉡ 연구결과나 기타 지식을 탐색, 평가, 최종 선택, 응용하는 활동 ㉢ 재료, 장치, 제품, 공정, 시스템이나 용역에 대한 여러 가지 대체안을 탐색하는 활동 ㉣ 새롭거나 개선된 재료, 장치, 제품, 공정, 시스템이나 용역에 대한 여러 가지 대체안을 제안, 설계, 평가, 최종 선택하는 활동
개발활동	㉠ 생산이나 사용 전의 시제품과 모형을 설계, 제작, 시험하는 활동 ㉡ 새로운 기술과 관련된 공구, 지그, 주형, 금형 등을 설계하는 활동 ㉢ 상업적 생산 목적으로 실현가능한 경제적 규모가 아닌 시험공장을 설계, 건설, 가동하는 활동 ㉣ 신규 또는 개선된 재료, 장치, 제품, 공정, 시스템이나 용역에 대하여 최종적으로 선정된 안을 설계, 제작, 시험하는 활동

③ 연구단계와 개발단계로 구분할 수 없는 경우에는 모두 연구단계에서 발생한 것으로 본다.

(4) 내부적으로 창출한 무형자산의 원가

① 자산의 창출, 제조 및 경영자가 의도하는 방식으로 운영될 수 있게 준비하는 데 필요한 직접 관련된 모든 원가를 포함한다.

> ㉠ 무형자산의 창출에 사용되었거나 소비된 재료원가, 용역원가 등
> ㉡ 무형자산의 창출을 위하여 발생한 종업원급여
> ㉢ 법적 권리를 등록하기 위한 수수료
> ㉣ 무형자산의 창출에 사용된 특허권과 라이선스의 상각비

기출

01 연구단계에서 발생한 지출은 당기비용인 (　　)계정으로 회계처리하며, 개발단계에서 발생한 지출은 자산인식요건에 충족하면 무형자산인 (　　)계정으로, 충족하지 못하면 당기비용 항목인 (　　)계정으로 각각 회계처리한다. 제18회

기출

02 연구단계와 개발단계를 구분할 수 없다면 (　　)단계로 본다. 제18회

03 생산이나 사용 전의 시제품과 모형을 설계, 제작, 시험하는 활동은 (　　)활동에 해당한다. 제24회

기출정답

01 연구비, 개발비, 경상개발비
02 연구
03 개발

② 최초에 비용으로 인식한 무형항목에 대한 지출은 그 이후에 무형자산의 원가로 인식할 수 없다.

(5) 내부적으로 창출한 무형자산의 원가에 포함하지 않는 항목

① 판매비, 관리비 및 기타 일반경비 지출. 다만, 자산을 의도한 용도로 사용할 수 있도록 준비하는 데 직접 관련된 경우는 제외한다.
② 자산이 계획된 성과를 달성하기 전에 발생한 명백한 비효율로 인한 손실과 초기 영업손실
③ 자산을 운용하는 직원의 교육훈련과 관련된 지출

선생님 TIP

무형자산의 상각과 관련된 지문은 주로 유형자산과 차이나는 부분을 중심으로 출제된다. 각 항목의 구분되는 특징을 중심으로 정리한다.

⚡기출

01 내용연수가 (   ) 무형자산은 상각하고, 내용연수가 (   ) 무형자산은 상각하지 아니한다. 제22회

02 내용연수가 비한정인 무형자산의 내용연수를 유한 내용연수로 변경하는 것은 (   )의 변경에 해당한다. 제19회

03 무형자산의 내용연수는 경제적 내용연수와 법적 내용연수 중 (   ) 기간으로 한다. 제16회

04 무형자산의 상각방법은 자산의 경제적 효익이 (   )되는 형태를 반영한 방법이어야 한다. 제15회

05 무형자산의 (   )는 영(0)이 아닌 경우가 있다. 제17회

06 내용연수가 유한한 경우 상각은 자산을 (   )할 수 있는 때부터 시작한다. 제19회

기출정답
01 유한한, 비한정인
02 회계추정
03 짧은
04 소비
05 잔존가치
06 사용

제3절 무형자산의 상각 〈빈출〉

내용연수	유한	① 내용연수가 유한한 무형자산은 상각한다. ② 내용연수는 경제적 요인에 의해 결정된 기간(경제적 내용연수)과 법적 요인에 의해 결정된 기간(법적 내용연수) 중 짧은 기간으로 한다. ③ 매 보고기간 말마다 무형자산의 손상을 시사하는 징후가 있는지를 검토한다.
	비한정	① 관련된 모든 요소의 분석에 근거하여, 그 자산이 순현금 유입을 창출할 것으로 기대되는 기간에 대하여 예측가능한 제한이 없을 경우 해당 무형자산은 내용연수가 비한정인 것으로 보아야 한다. ② 내용연수가 비한정인 무형자산은 상각하지 아니한다. ③ 내용연수가 비한정인 무형자산은 매년 또는 손상을 시사하는 징후가 있는 때에는(자산손상을 시사하는 징후가 있는지에 관계없이 매년) 손상검사를 수행하여야 한다.
잔존가치		무형자산의 잔존가치는 원칙적으로 영(0)으로 본다.
상각방법		① 상각방법은 자산의 경제적 효익이 소비되는 형태를 반영한 방법이어야 한다. ② 상각방법에는 정액법, 체감잔액법 및 생산량비례법이 있다. ③ 경제적 효익이 소비되는 형태를 신뢰성 있게 결정할 수 없는 경우에는 정액법을 사용한다.

암기 PLUS | 유형자산과 무형자산의 비교

구분	유형자산	무형자산
원가	구입가격 + 부대비용	유형자산과 동일
잔존가치	합리적으로 추정	원칙적으로 영(0)
내용연수	① 유한내용연수: 감가상각 ② 무한내용연수: 비감가상각	① 유한내용연수: 상각 ② 비한정내용연수: 비상각
상각방법	정액법, 체감잔액법, 생산량비례법	정액법, 체감잔액법, 생산량비례법 ✚ 경제적 효익의 소비형태를 신뢰성 있게 결정할 수 없는 경우에 정액법 적용
평가	재평가모형, 손상차손 및 환입	유형자산과 동일
회계변경	잔존가치, 내용연수 및 감가상각방법의 변경은 '회계추정의 변경'	유형자산과 동일

제4절 영업권 (빈출)

정의	영업권은 개별적으로 식별하여 별도로 인식할 수 없으나, 사업결합에서 획득한 그 밖의 자산에서 발생하는 미래 경제적 효익을 나타내는 자산을 말한다.

인식	① 내부적으로 창출한 영업권은 자산으로 인식하지 아니한다.
	② 사업결합으로 취득한 영업권은 자산으로 인식한다.
	   ⑦ 영업권은 상각하지 않고 매년 또는 손상을 시사하는 징후가 있을 때마다 손상검사를 하여야 한다.
	   ⓒ 손상차손은 당기손익으로 인식하고, 손상차손환입은 인정하지 않는다.

측정	영업권 = 공정가치에 의한 이전대가 − 공정가치에 의한 순자산

⚡기출

01 내부적으로 창출된 영업권은 자산으로 인식( ).
제22회

기출정답

01 하지 아니한다

제5절 염가매수차익

정의	A기업이 B기업을 인수하기 위해 지불한 가격이 B기업의 순자산 공정가치보다 더 낮을 때 A기업이 얻는 회계상 이익을 말한다.
측정	염가매수차익 = 공정가치에 의한 순자산 − 공정가치에 의한 이전대가
인식	염가매수차익은 당기손익으로 인식한다.

암기 PLUS | 무형자산의 상각 및 손상

구분	상각	손상		
		손상검사	손상차손	손상차손환입
유한무형자산	○	매년 말 손상징후가 있는 때	○	○
비한정무형자산	×	매년 또는 손상징후가 있는 때	○	○
영업권	×	매년 또는 손상징후가 있는 때	○	×

제9장 투자부동산

기본서 p.272~277

제1절 투자부동산의 개요

01 의의

투자부동산은 임대수익이나 시세차익 또는 이 둘 모두를 얻기 위하여 소유자가 보유하고 있는 부동산(토지나 건물 등)을 말하는 것으로, 비유동자산으로 분류된다.

02 구분 〈빈출〉

투자부동산	투자부동산이 아닌 것
① 장기 시세차익을 얻기 위하여 보유하고 있는 토지(통상적인 영업과정에서 단기간에 판매하기 위하여 보유하고 있는 토지 제외) ② 장래 사용목적을 결정하지 못한 채로 보유하고 있는 토지(자가사용할지 통상적 영업과정에서 단기간에 판매할지를 결정하지 못한 경우 해당 토지는 시세차익을 얻기 위하여 보유한다고 봄) ③ 직접 소유하고 운용리스로 제공하는 건물 또는 보유하는 건물에 관련되고 운용리스로 제공하는 사용권자산 ④ 운용리스로 제공하기 위하여 보유하고 있는 미사용 건물 ⑤ 미래에 투자부동산으로 사용하기 위하여 건설 또는 개발 중인 부동산	① 통상적인 영업과정에서 판매하기 위한 부동산이나 이를 위하여 건설 또는 개발 중인 부동산 ② 가까운 장래에 판매하거나 개발하여 판매하기 위한 목적으로만 취득한 부동산 ③ **자가사용부동산** 　㉠ 미래에 자가사용하기 위한 부동산 　㉡ 미래에 개발 후 자가사용할 부동산 　㉢ 종업원이 사용하고 있는 부동산 (종업원이 시장요율로 임차료를 지급하고 있는지는 관계없음) 　㉣ 처분예정인 자가사용부동산 ④ 금융리스로 제공한 부동산

⚡ 기출

01 투자부동산은 (　　)수익이나 (　　)차익을 얻기 위하여 보유하는 부동산을 말한다. 본사 사옥으로 사용하고 있는 건물은 투자부동산이 (　　). 제19회

03 인식기준

① 투자부동산에서 발생하는 미래 경제적 효익의 유입가능성이 높다.
② 투자부동산의 원가를 신뢰성 있게 측정할 수 있다.

기출정답
01 임대, 시세, 아니다

제2절 투자부동산의 측정

01 측정구분

최초측정	최초로 인식할 때에는 원가로 측정한다.
후속측정	최초인식 후에는 투자부동산의 회계정책으로 원가모형이나 공정가치모형을 선택할 수 있다.

02 원가모형과 공정가치모형 〈빈출〉

구분	원가모형	공정가치모형

평가손익	인식 ×	① 평가손익 계산
		   = 당기말 공정가치 − 장부금액
		② 평가손익 처리
		   당기손익(포괄손익계산서)

처분손익	① 처분손익 계산
	   = 순처분금액 − 장부금액
	② 처분손익 처리
	   당기손익(포괄손익계산서)
		① 처분손익 계산
		   = 순처분금액 − 장부금액
		② 처분손익 처리
		   당기손익(포괄손익계산서)

감가상각비	인식 ○	인식 ×
손상차손	인식 ○	인식 ×
손상차손환입	인식 ○	인식 ×

> ★ 암기 PLUS | 금액 계산

구분	원가모형	공정가치모형
장부금액	취득원가 − 감가상각누계액	① 취득연도: 취득원가 ② 취득 다음연도: 전기말 공정가치
순처분금액	총처분대가 − 처분 관련 부대비용	총처분대가 − 처분 관련 부대비용

⚡ 기출

01 최초인식 후 예외적인 경우를 제외하고 (   )모형과 (   )모형 중 하나를 선택하여 모든 투자부동산에 적용한다. _{제19회}

02 (   )모형을 적용하는 투자부동산은 손상회계를 적용한다. _{제19회}

03 투자부동산에 대한 공정가치모형을 적용할 경우 공정가치의 변동으로 발생하는 손익은 발생한 기간의 (   )으로 반영한다. _{제19회}

기출정답
01 원가, 공정가치
02 원가
03 당기손익

확인예제

(주)한국은 20×1년 초 임대수익을 얻고자 건물(취득원가 ₩1,000,000, 내용연수 5년, 잔존가치 ₩100,000, 정액법 상각)을 취득하고, 이를 투자부동산으로 분류하였다. 한편, 부동산경기의 불황으로 20×1년 말 동 건물의 공정가치는 ₩800,000으로 하락하였다. 동 건물에 대하여 공정가치모형을 적용할 경우에 비해 원가모형을 적용할 경우 (주)한국의 20×1년도 당기순이익은 얼마나 증가 혹은 감소하는가? (단, 동 건물은 투자부동산의 분류요건을 충족하며, (주)한국은 동 건물을 향후 5년 이내 매각할 생각이 없다)

① ₩20,000 증가　　　　　　　　② ₩20,000 감소
③ ₩0　　　　　　　　　　　　　④ ₩180,000 증가
⑤ ₩180,000 감소

해설

(1) 공정가치모형: 평가손익 = ₩800,000 − ₩1,000,000 = − ₩200,000(평가손실)
(2) 원가모형: 감가상각비 = (₩1,000,000 − ₩100,000) × 1/5 = ₩180,000
(3) 공정가치모형 ⇨ 원가모형: 비용 ₩20,000 감소 ⇨ 당기순이익 ₩20,000 증가

해답 ①

제10장 부채

기본서 p.282~303

⚡ 기출

01 소득세예수금은 부채에 해당( ). 제26회

제1절 부채의 분류

한국채택국제회계기준상 분류	원칙	유동부채과 비유동부채
	유동부채의 분류기준	① 정상영업주기 내에 결제될 것으로 예상하고 있다. ② 주로 단기매매목적으로 보유하고 있다. ③ 보고기간 후 12개월 이내에 결제하기로 되어 있다. ④ 보고기간 후 12개월 이상 부채의 결제를 연기할 수 있는 무조건의 권리를 가지고 있지 않다.
금융부채와 비금융부채 〈빈출〉	금융부채	매입채무(외상매입금, 지급어음), 단기차입금, 유동성장기차입금, 미지급금, 미지급비용, 사채, 전환사채, 장기차입금 등
	비금융부채	선수금, 선수수익, 충당부채, 미지급법인세
확정부채와 추정부채	확정부채	차입금, 매입채무, 사채 등
	추정부채 — 충당부채	복구충당부채, 제품보증충당부채 등
	추정부채 — 우발부채	소송 중인 사건 등

기출정답

01 한다

제2절 충당부채·우발부채 및 우발자산 (빈출)

01 의의와 회계처리

(1) 충당부채

의의	과거의 사건이나 거래의 결과로 현재의무가 존재하지만, 그 지출의 시기나 금액이 불확실한 부채를 의미한다.
인식조건	① 과거사건의 결과로 현재의무(법적 의무 또는 의제의무)가 존재한다. ② 당해 의무를 이행하기 위하여 경제적 효익을 갖는 자원이 유출될 가능성이 높다. ③ 당해 의무의 이행에 소요되는 금액을 신뢰성 있게 추정할 수 있다.
회계처리	충당부채는 부채로 인식한다. (차) 비용　　　　×××　　(대) 충당부채　　××× 　　 (또는 자산)

> **선생님 TIP**
> 충당부채는 인식요건을 모두 충족하는 경우에만 인식하며, 일부만 충족하면 우발부채로 인식한다.

> **⚡기출**
> 01 충당부채는 과거의 사건 결과 (　　)의무가 존재하며 자원의 유출가능성이 (　　), 금액의 (　　) 있는 추정이 가능해야 인식한다.
> 　　　　　　　제24회
> 02 미래의 예상(　　)은 충당부채로 인식하지 않는다.
> 　　　　　　　제25회

(2) 우발부채

의의	현재시점에서는 의무가 확정되지 않았거나, 의무가 존재하더라도 그 금액을 신뢰성 있게 추정할 수 없어 재무상태표에 부채로 인식하지는 않고 주석으로 공시만 하는 부채이다. 따라서 충당부채와 우발부채의 본질적 차이는 재무상태표에 부채로 인식할 수 있느냐의 여부이다.
회계처리	우발부채는 부채로 인식하지 아니한다.

(3) 우발자산

의의	과거사건에 의하여 발생하였으나 기업이 전적으로 통제할 수는 없는 하나 이상의 불확실한 미래사건의 발생 여부에 의하여서만 그 존재가 확인되는 잠재적 자산을 말한다.
회계처리	우발자산은 자산으로 인식하지 아니한다.

> **기출정답**
> 01 현재, 높고, 신뢰성
> 02 영업손실

★ 암기 PLUS | 부채의 회계처리

1. 충당부채와 우발부채의 회계처리

자원의 유출가능성 \ 금액의 추정가능성	신뢰성 있게 추정 가능	신뢰성 있게 추정 불가능
높음(확률 50% 초과)	충당부채로 인식(F/S 공시)	우발부채로 주석 공시
높지 않음	우발부채로 주석 공시	우발부채로 주석 공시
아주 낮음	공시하지 않음	공시하지 않음

2. 우발자산의 회계처리

자원의 유입가능성 \ 금액의 추정가능성		신뢰성 있게 추정 가능	신뢰성 있게 추정 불가능
거의 확실한 경우		자산으로 인식	우발자산으로 주석 공시
높지만 거의 확실하지 않음	높은 경우	우발자산으로 주석 공시	우발자산으로 주석 공시
	높지 않은 경우	공시하지 않음	공시하지 않음

⚡ 기출

01 충당부채로 인식하는 금액은 현재의무를 보고기간 말에 이행하기 위하여 필요한 지출에 대한 (　　)의 추정치이어야 한다. 제23회

02 충당부채의 측정

최선의 추정치	① 충당부채로 인식하는 금액은 현재의무를 보고기간 말에 이행하기 위하여 소요되는 지출에 대한 최선의 추정치이어야 한다. ② 매 보고기간 말마다 충당부채의 잔액을 검토하고, 보고기간 말 현재 최선의 추정치를 반영하여 조정한다.
현재가치	화폐의 시간가치 효과가 중요한 경우 충당부채는 의무를 이행하기 위하여 예상되는 지출액의 현재가치로 평가한다.
자산의 예상처분이익	자산의 예상처분이익은 충당부채를 측정하는 데 고려(차감)하지 아니한다.
기대가치	측정하고자 하는 충당부채가 다수의 항목과 관련되는 경우에 당해 의무는 모든 가능한 결과와 그와 관련된 확률을 가중평균하여 '기대가치'로 추정한다.

기출정답

01 최선

> |사례| **기대가치 측정**
>
> 구입 후 첫 6개월 이내에 제조상 결함으로 인하여 발생하는 수선비용을 보장하는 보증서와 함께 재화를 판매하는 기업이 있다. 판매한 모든 생산품에서 사소한 결함이 발생할 경우에는 ₩1,000,000의 수선비용이 발생한다. 판매한 모든 생산품에서 중요한 결함이 발생할 경우에는 ₩4,000,000의 수선비용이 발생한다. 기업의 과거경험 및 미래예상에 따르면 내년도에 판매될 재화 중에서 75%는 전혀 결함이 발생하지 아니하는 반면, 20%는 사소한 결함, 나머지 5%는 중요한 결함이 발생할 것으로 예상된다. 수선비용의 기대가치를 계산하면 얼마인가?
>
> |해설|
> 기대가치 = (₩0 × 75%) + (₩1,000,000 × 20%) + (₩4,000,000 × 5%) = ₩400,000
> **해답 ₩400,000**

03 충당부채의 사용과 변제

충당부채의 사용	충당부채는 최초인식과 관련 있는 지출에만 사용한다.
충당부채의 변제	① 충당부채를 결제하기 위하여 필요한 지출액의 일부 또는 전부를 제3자가 변제할 것이 예상되는 경우 기업이 의무를 이행한다면 변제를 받을 것이 거의 확실시되는 때에 한하여 변제금액을 인식하고 별도의 자산으로 회계처리한다. 다만, 자산으로 인식하는 금액은 관련 충당부채 금액을 초과할 수 없다. ② 충당부채와 관련하여 포괄손익계산서에 인식된 비용은 제3자의 변제와 관련하여 인식한 금액과 상계하여 표시할 수 있다.

04 우발부채와 우발자산

(1) 우발부채

① 과거에 우발부채로 처리하였더라도 미래 경제적 효익의 유출가능성이 높아진 경우에는 그러한 가능성의 변화가 발생한 기간의 재무제표에 충당부채로 인식한다.
② 의무를 이행하기 위하여 경제적 효익을 갖는 자원의 유출가능성이 아주 낮지 않다면 우발부채를 공시한다.
③ 제3자와 연대하여 의무를 지는 경우에는 이행할 전체 의무 중 제3자가 이행할 것으로 기대되는 부분을 우발부채로 처리한다.
④ 제3자와 연대하여 의무를 지는 경우 당해 의무 중에서 경제적 효익을 갖는 자원의 유출가능성이 높은 부분에 대하여 충당부채를 인식한다.

⚡기출

01 과거에 우발부채로 처리한 경우에는 그 이후 기간에 미래 경제적 효익의 유출가능성이 높아진 경우 변화가 생긴 기간의 재무제표에 (   )로 인식한다. 제25회

기출정답

01 충당부채

⚡기출

01 우발자산은 경제적 효익의 유입가능성이 높은 경우 주석에 ( )으로 공시하고 유입가능성이 높지 않은 경우에는 공시하지 않는다.
제25회

선생님 TIP

충당부채 각 유형의 총추정비용과 기말충당부채의 잔액의 계산을 묻는 유형을 정리한다.

(2) 우발자산

① 상황변화로 인하여 경제적 효익이 유입될 것이 거의 확실하게 되는 경우에는 그러한 상황변화가 발생한 기간의 재무제표에 그 자산과 관련 이익을 인식한다.
② 우발자산은 경제적 효익의 유입가능성이 높은 경우에만 공시한다.

05 제품보증충당부채와 경품충당부채

(1) 제품보증충당부채(확신유형)

제품보증충당부채

당기 실제지출보증비	×××	기초제품보증충당부채	×××
기말제품보증충당부채	(?)	당기 추정보증비	(①)

➕ ① 당기 추정보증비 = 당기 매출액 × 추정보증비율 합계

보증기간 말 충당부채 계산

> 보증기간 말 충당부채
> = 보증기간 추정보증비 합계 − 보증기간 실제 지출액 합계
> = (매출액 합계 × 추정보증비율 합계) − 실제 지출액 합계

(2) 경품충당부채

경품충당부채

당기 실제제공경품비	(②)	기초경품충당부채	×××
기말경품충당부채	(?)	당기 추정경품비	(①)

➕ ① 당기 추정경품비 = 청구될 경품단위 × 단위당 경품원가
② 당기 실제제공경품비 = 실제제공경품단위 × 단위당 경품원가

기출정답

01 우발자산

제3절 사채(상각후원가측정 금융부채) 〈빈출〉

01 사채의 측정

최초측정	최초인식 시점의 사채의 공정가치로 측정한다. ➕ 거래원가(사채발행비)는 공정가치에서 차감한다. 　　발행금액 = 공정가치 − 거래원가(사채발행비 등)
후속측정	최초인식 후에는 유효이자율법을 사용하여 상각후원가로 측정한다.

> **암기 PLUS | 상각후원가와 유효이자율법**
>
> | 상각후원가 | 금융자산이나 금융부채의 최초인식금액과 만기금액의 차액에 유효이자율법을 적용하여 계산된 상각누계액을 가감한 금액 |
> |---|---|
> | 유효이자율법 | 금융자산이나 금융부채의 상각후원가를 계산하고 관련 기간에 걸쳐 이자수익이나 이자비용을 배분하는 방법 |

선생님 TIP

사채는 주로 계산문제 유형으로 출제되고 있으며 유효이자율법에 의한 연도별 사채이자비용, 만기까지 총이자비용, 기말장부금액, 상환손익 등의 계산유형이 개별적으로 출제되기도 하고 종합문제로 출제되기도 한다.

02 사채의 발행

이자율 관계	발행금액 결정	발행유형	사채발행차금
표시이자율 = 시장이자율	액면금액 = 발행금액	액면발행	−
표시이자율 < 시장이자율	액면금액 > 발행금액	할인발행	사채할인발행차금
표시이자율 > 시장이자율	액면금액 < 발행금액	할증발행	사채할증발행차금

⚡기출

01 액면(　)이자율이 유효이자율보다 (　) 경우에는 할인발행된다. 제13회

02 사채할인발행차금은 사채의 (　)금액에서 차감하는 형식으로 표시된다. 제15회

03 사채의 발행금액 결정

발행금액 = 사채 관련 미래현금흐름의 현재가치 − 사채발행비
　　　　 = ① 액면금액의 현재가치 + ② 액면이자의 현재가치 − ③ 거래원가

➕ ① 액면금액의 현재가치 = 액면금액 × ₩1의 현가(발행시점의 시장이자율)
　② 액면이자의 현재가치 = 액면이자 × 연금 ₩1의 현가(발행시점의 시장이자율)

기출정답

01 표시, 낮은
02 액면

04 사채의 발행시 회계처리

액면발행 (발행금액 = 액면금액)	(차) 현금 ××× (대) 사채 ×××
할인발행 (발행금액 < 액면금액)	(차) 현금 ××× (대) 사채 ××× 　　사채할인발행차금 ××× 　　(사채차감계정)
할증발행 (발행금액 > 액면금액)	(차) 현금 ××× (대) 사채 ××× 　　　　　　　　　사채할증발행차금 ××× 　　　　　　　　　(사채가산계정)

05 액면이자의 지급 및 사채발행차금의 상각 회계처리

액면발행	액면이자 지급	(차) 이자비용 ××× (대) 현금 ×××
	차금 상각	분개 없음
할인발행	액면이자 지급	(차) 이자비용 ××× (대) 현금 ×××
	차금 상각	(차) 이자비용 ××× (대) 사채할인발행차금 ×××
할증발행	액면이자 지급	(차) 이자비용 ××× (대) 현금 ×××
	차금 상각	(차) 사채할증발행차금 ××× (대) 이자비용 ×××

★ 암기 PLUS

1. 사채발행차금의 상각 회계처리의 영향

구분	이자비용	사채장부금액	당기순이익
사채할인발행차금 상각	증가	증가	감소
사채할증발행차금 상각	감소	감소	증가

2. 사채발행차금의 상각방법

구분	상각액 계산	K-IFRS
정액법	사채발행차금 ÷ 상환기간	불인정
유효이자율법	유효이자와 액면이자의 차액만큼 상각액 계산 사채할인발행차금상각액: ① 유효이자 - ② 액면이자 사채할증발행차금상각액: ① 유효이자 - ② 액면이자 ✚ ①유효이자 = 기초장부금액 × 유효이자율 　②액면이자 = 액면금액 × 액면이자율	인정

⚡ 기출

01 유효이자율법을 적용할 경우 이자비용은 할인발행의 경우 매년 ( )하고 할증발행의 경우 매년 ( ) 한다. 　　　제13회

기출정답
01 증가, 감소

★ 암기 PLUS | 유효이자율법에 의한 회계처리시 매년 영향

구분	할인발행시	할증발행시
사채장부금액	매년 증가	매년 감소
이자비용(= 유효이자)	매년 증가	매년 감소
액면이자(= 현금지급이자)	매년 동일	매년 동일
차금상각액	매년 증가	매년 증가
실질이자율(= 유효이자율)	매년 동일	매년 동일

06 만기 전 사채상환시 회계처리(자기사채의 취득 동일)

액면발행	상환금액 < 액면금액	(차) 사채	×××	(대) 현금	×××	
				사채상환이익	×××	
	상환금액 > 액면금액	(차) 사채	×××	(대) 현금	×××	
		사채상환손실	×××			
할인발행	상환금액 < 장부금액	(차) 사채	×××	(대) 사채할인발행차금	×××	
				현금	×××	
				사채상환이익	×××	
	상환금액 > 장부금액	(차) 사채	×××	(대) 사채할인발행차금	×××	
		사채상환손실	×××	현금	×××	
할증발행	상환금액 < 장부금액	(차) 사채	×××	(대) 현금	×××	
		사채할증발행차금	×××	사채상환이익	×××	
	상환금액 > 장부금액	(차) 사채	×××	(대) 현금	×××	
		사채할증발행차금	×××	사채상환손실	×××	

⚡ 기출
01 사채가 할인발행되는 경우 사채발행자가 사채만기일에 상환해야 하는 금액은 발행금액보다 (   ). 제15회

★ 암기 PLUS | 금액 계산

상환금액	경과이자(발생이자) 있는 경우는 경과이자를 포함하지 않은 금액
	상환금액 = 총상환대가 − 경과이자

장부금액	할인발행	기초장부금액 + 사채할인발행차금상각액 = 기초장부금액 × (1 + 유효이자율) − 액면이자
	할증발행	기초장부금액 − 사채할증발행차금상각액 = 기초장부금액 × (1 + 유효이자율) − 액면이자

기출정답
01 크다

⭐ 암기 PLUS | 사채상환손익

상환시점 시장이자율 > 발행시점 시장이자율 ⇨ 상환금액 < 장부금액	상환이익
상환시점 시장이자율 < 발행시점 시장이자율 ⇨ 상환금액 > 장부금액	상환손실

확인예제

(주)한국은 20×1년 초 사채(액면금액 ₩1,000,000, 표시이자율 10%, 이자지급일 매년 말일, 만기 3년)를 발행하고 상각후원가측정 금융부채로 분류하였다. 발행 당시의 유효이자율은 8%이다.

이자율	₩1의 3년 현가	연금 ₩1의 3년 현가
8%	0.7938	2.5771
10%	0.7513	2.4868
12%	0.7118	2.4018

(주)한국은 20×2년 1월 1일에 이 사채를 ₩1,030,000에 상환하였다. 사채의 회계처리에 대한 설명으로 옳지 않은 것은? (단, 계산 금액은 소수점 첫째자리에서 반올림한다)

① 사채의 발행금액은 ₩1,051,510이다.
② 20×1년도 사채할증발행차금상각액은 ₩15,879이다.
③ 20×1년도 이자비용은 ₩84,121이다.
④ 20×2년도 사채상환이익은 ₩5,631이다.
⑤ 만기까지 보유한다면 총이자비용은 ₩351,510이다.

해설

⑤ 만기까지 보유한다면, 총이자비용 = 액면금액 합계 − 할증차금
  = ₩100,000 × 3년 − ₩51,510 = ₩248,490
① 사채의 발행금액 = 액면 × 현가계수 + 액면이자 × 연금현가계수
  = ₩1,000,000 × 0.7938 + ₩100,000 × 2.5771 = ₩1,051,510
② 20×1년도 사채할증발행차금상각액 = 이자비용 − 액면이자
  = ₩1,051,510 × 0.08 − ₩100,000 = ₩15,879
③ 20×1년도 이자비용 = 기초 장부금액 × 유효이자율
  = ₩1,051,510 × 0.08 = ₩84,121
④ 20×2년도 사채상환이익 = 상환금액 − 직전 장부금액
  = ₩1,030,000 − ₩1,035,631* = ₩5,631
  * ₩1,051,510 × 1.08 − ₩100,000 = ₩1,035,631

해답 ⑤

제11장 자본

기본서 p.314~337

제1절 자본의 개요

01 자본의 의의와 특징

의의	자본은 기업의 자산에서 모든 부채를 차감한 후의 잔여지분이다.
특징	① 재무상태표에 표시되는 자본의 금액은 자산과 부채금액의 측정에 따라 결정된다. ② 일반적으로 자본총액은 그 기업이 발행한 주식의 시가총액과 우연한 경우에만 일치한다.

기출

01 자본은 기업의 자산에서 모든 부채를 차감한 후의 (　　)이다. 제24회

02 자본의 분류

자본금(+)		자본금 = 1주당 액면가액 × 발행주식수(보통주자본금, 우선주자본금)
자본잉여금(+)		주식발행초과금, 감자차익, 자기주식처분이익 등
자본조정	(−)	주식할인발행차금, 감자차손, 자기주식처분손실, 자기주식 등
	(+)	신주청약증거금, 미교부주식배당금, 주식매입선택권 등
기타포괄손익 누계액(±)		재평가잉여금(+), 확정급여제도평가손익(±), 해외사업환산손익(±), 기타포괄손익−공정가치측정 금융자산평가손익(±), 현금흐름위험회피 파생상품평가손익(±)
이익잉여금(+) 또는 결손금(−)	기처분 이익잉여금	법정적립금	이익준비금 등
		임의적립금	신축적립금, 사업확장적립금, 감채적립금, 결손보전적립금, 배당평균적립금 등
	미처분이익잉여금(+) 또는 미처리결손금(−)	

기출정답

01 잔여지분

선생님 TIP

주식의 현금발행은 발행금액만큼 자본이 증가한다.

★ 암기 PLUS | 자본의 분류

거래의 성격	일반기업회계기준	한국채택국제회계기준
자본거래	자본금	납입자본
	자본잉여금	
손익거래	자본조정	기타자본구성요소
	기타포괄손익누계액	
	이익잉여금	이익잉여금

⚡기출

01 주식발행과 직접 관련하여 발생한 거래원가는 (　) 금액에서 차감한다. 제25회

02 유상증자시 자본금과 자본총액 모두 (　)한다. 제22회

03 주식의 현금발행은 (　)잉여금에 영향을 주지 않는다. 제19회

제2절 자본금

01 자본금의 정의와 종류

정의	자본금은 주주의 납입금액 중에서 발행주식의 액면총액을 말한다.
	자본금 = 발행주식수 × 1주당 액면금액
종류	보통주자본금과 우선주자본금
주식발행비용	신주발행비는 발행금액에서 직접 차감한다.

02 유상증자(유상으로 주식발행)

(1) 의의와 특징

의의	실질적인 증자
특징	어떠한 경우의 발행형태라도 자본은 항상 발행금액만큼 증가된다.

(2) 회계처리 - 현금출자를 받은 경우

액면발행 (발행금액 = 액면금액)	(차) 현금 ×××	(대) 자본금 ×××
할증발행 (발행금액 > 액면금액)	(차) 현금 ×××	(대) 자본금 ××× 주식발행초과금 ×××
할인발행 (발행금액 < 액면금액)	(차) 현금 ××× 주식할인발행차금 ×××	(대) 자본금 ×××

➕ **발행금액**: 주식을 발행하고 주주로부터 납입받은 금액(주식발행비는 발행금액에서 차감)

기출정답
01 발행
02 증가
03 이익

> **암기 PLUS | 주식발행초과금과 주식할인발행차금의 회계처리**
>
> 1. 주식발행초과금과 주식할인발행차금은 서로 상계한다.
> 2. 상계후 잔액의 처리
>
> | 주식발행초과금 | 자본잉여금으로 분류하고 자본전입 또는 결손보전에만 사용 |
> |---|---|
> | 주식할인발행차금 | (−)자본조정으로 분류하고 이익잉여금의 처분으로 상각 |

03 무상증자(자본전입으로 주식발행)

자본잉여금의 자본전입	(차) 자본잉여금 ××× (대) 자본금 ×××
법정적립금의 자본전입	(차) 법정적립금 ××× (대) 자본금 ×××

✚ 발행금액: 주식의 액면금액을 발행금액으로 한다.

⚡ 기출

01 무상증자시 자본금은 ( )하나 자본총액은 변동하지 않는다. 제22회

02 유상감자는 자본금의 감소로 소멸되는 주식의 대가를 주주에게 ( )적으로 지급하는 것으로 ( )적 감자에 해당한다. 제25회

04 유상감자(주식을 매입하여 소각)

액면금액 > 취득원가	(차) 자본금 ××× (대) 현금 ××× 감자차익 ×××
액면금액 < 취득원가	(차) 자본금 ××× (대) 현금 ××× 감자차손 ×××

> **암기 PLUS | 감자차익과 감자차손의 회계처리**
>
> 1. 감자차익과 감자차손은 서로 상계한다.
> 2. 상계후 잔액의 처리
>
> | 감자차익 | 자본잉여금으로 분류하고 자본전입 또는 결손보전에만 사용 |
> |---|---|
> | 감자차손 | (−)자본조정으로 분류하고 이익잉여금의 처분으로 상각 |

05 무상감자(결손보전으로 주식소각)

주당 액면금액 감소 또는 주식수 감소	(차) 자본금 ××× (대) 미처리결손금 ××× 감자차익 ×××

✚ 감자차익 = 액면금액 감소액 − 미처리결손금 감소액

기출정답
01 증가
02 실질, 실질

선생님 TIP

자기주식은 자본거래이므로 손익거래인 당기순이익에 영향을 주지 않는다.

⚡기출

01 자기주식의 취득은 자본총계를 (   )시키고, 처분시에는 자본총계를 (   )시키며, 소각시에는 자본총계에 영향을 미치지 않는다.
제17회

02 자기주식을 취득하면 자본총액은 (   )한다.
제22회

06 자기주식 〈빈출〉

취득시		(차) 자기주식 ×××	(대) 현금 ×××		
처분시	처분금액 > 취득원가	(차) 현금 ×××	(대) 자기주식 ××× 자기주식처분이익 ×××		
	처분금액 < 취득원가	(차) 현금 ××× 자기주식처분손실 ×××	(대) 자기주식 ×××		
소각시	액면금액 > 취득원가	(차) 자본금 ×××	(대) 자기주식 ××× 감자차익 ×××		
	액면금액 < 취득원가	(차) 자본금 ××× 감자차손 ×××	(대) 자기주식 ×××		

★ 암기 PLUS | 자기주식처분이익과 자기주식처분손실의 회계처리

1. 자기주식처분이익과 자기주식처분손실은 서로 상계한다.
2. 상계후 잔액의 처리

자기주식처분이익	자본잉여금으로 분류하고 자본전입 또는 결손보전에만 사용
자기주식처분손실	(−)자본조정으로 분류하고 이익잉여금의 처분으로 상각

제3절 자본잉여금

종류	발생	회계처리
주식발행초과금	주식의 발행금액이 액면금액을 초과하는 금액	주식할인발행차금과 상계하고, 상계후 잔액은 자본전입 또는 결손보전에만 사용
감자차익	주식의 매입소각 또는 결손보전시 취득원가 또는 결손보전액이 액면금액에 미달하는 금액	감자차손과 상계하고, 상계후 잔액은 자본전입 또는 결손보전에만 사용
자기주식처분이익	자기주식 처분시 처분금액이 취득원가를 초과하는 금액	자기주식처분손실과 상계하고, 상계후 잔액은 자본전입 또는 결손보전에만 사용

기출정답
01 감소, 증가
02 감소

제4절 자본조정 〈빈출〉

종류		발생	회계처리
(+)	신주청약증거금	청약시점에 계약금으로 받아 놓은 금액	주식발행시 자본금과 주식발행초과금으로 대체
	미교부주식배당금	주식배당을 결의하고 아직 교부하지 않은 주식의 액면금액	주식발행시 자본금으로 대체
	주식매입선택권	재화나 용역을 제공받은 대가로 부여한 주식을 매입할 수 있는 권리	주식매입선택권을 행사 주식발행시 자본금과 주식발행초과금으로 대체
(−)	주식할인발행차금	주식의 발행금액이 액면금액에 미달하는 금액	주식발행초과금과 상계하고, 상계후 잔액은 이익잉여금의 처분으로 상각
	감자차손	주식의 매입소각시 취득원가가 액면금액을 초과하는 금액	감자차익과 상계하고, 상계후 잔액은 이익잉여금의 처분으로 상각
	자기주식처분손실	자기주식 처분시 처분금액이 취득원가에 미달하는 금액	자기주식처분이익과 상계하고, 상계후 잔액은 이익잉여금의 처분으로 상각
	자기주식	자기주식을 취득한 경우 취득원가	자기주식 처분시 자기주식처분손익을 인식하고, 소각시 감자차손익을 인식

선생님 TIP
자본조정항목은 자본의 가산항목(+)과 차감항목(−)을 구분하여야 한다.

⚡기출
01 (　　)은 상법의 규정에 따라 자본금의 1/2에 달할 때까지 현금배당액의 1/10 이상을 의무적으로 적립해야 한다.　제27회

02 이익준비금은 (　　)적립금으로 그 금액만큼 외부 금융기관에 예치해야 하는 것은 아니다.　제25회

제5절 이익잉여금

01 이익잉여금의 종류

법정적립금	① 종류: 이익준비금 등 　✚ 이익준비금: 현금배당액의 10분의 1 이상을 자본금의 2분의 1에 달할 때까지 적립(상법) ② 처리: 법정적립금은 자본전입 또는 결손보전에만 사용

기출정답
01 이익준비금
02 법정

기출

01 임의적립금은 주주총회의 의결을 거쳐 ( )으로 이입한 후 배당재원으로 사용할 수 있다. 　제25회

임의적립금	신축적립금, 사업확장적립금, 감채적립금, 결손보전적립금, 배당평균적립금 등
미처분이익잉여금 (또는 미처리결손금)	전기이월미처분이익잉여금(또는 전기이월미처리결손금) ± 회계정책변경의 누적 효과 ± 전기오류수정손익 − 중간배당액 ± 당기순이익(또는 당기순손실) = 미처분이익잉여금(또는 미처리결손금)

02 미처분이익잉여금의 처분

결산일	순이익 대체	(차) 집합손익 ××× (대) 미처분이익잉여금 ×××
주주총회일	임의적립금 이입	(차) 임의적립금 ××× (대) 미처분이익잉여금 ×××
	이익잉여금 처분	(차) 미처분이익잉여금 ××× (대) 이익준비금 ××× 　　　　　　　　　　　　　　　기타법정적립금 ××× 　　　　　　　　　　　　　　　주식할인발행차금 ××× 　　　　　　　　　　　　　　　미지급배당금 ××× 　　　　　　　　　　　　　　　미교부주식배당금 ××× 　　　　　　　　　　　　　　　임의적립금 ×××

암기 PLUS | 이익잉여금의 처분

이익잉여금 처분		이익잉여금	자본총액
적립금의 적립	법정적립금의 적립, 임의적립금의 적립	불변	불변
(−)자본조정 상각	주식할인발행차금의 상각, 감자차손의 상각, 자기주식처분손실의 상각	감소	불변
배당	현금배당	감소	감소
	주식배당	감소	불변

기출정답

01 미처분이익잉여금

03 미처리결손금의 처리

결산일	순손실 대체	(차) 미처리결손금 ××× (대) 집합손익 ×××
주주총회일	결손금 처리	(차) 임의적립금 ××× (대) 미처리결손금 ××× 　　기타법정적립금 ××× 　　이익준비금 ××× 　　자본잉여금 ×××

이익잉여금처분계산서와 결손금처리계산서

이익잉여금처분계산서	결손금처리계산서
Ⅰ. 미처분이익잉여금 　1. 전기이월미처분이익잉여금 　　(또는 전기이월미처리결손금) 　2. 회계정책변경누적효과 　3. 전기오류수정손익 　4. 중간배당액 　5. 당기순이익(또는 당기순손실) Ⅱ. 임의적립금 등의 이입액 　1. ○○적립금 　2. ○○적립금 Ⅲ. 이익잉여금처분액 　1. 이익준비금 　2. 기타법정적립금 　3. 주식할인발행차금상각액 등 　4. 배당금 　　가. 현금배당 　　나. 주식배당 　5. 임의적립금 Ⅳ. 차기이월미처분이익잉여금 　　(= Ⅰ + Ⅱ − Ⅲ)	Ⅰ. 미처리결손금 　1. 전기이월미처분이익잉여금 　　(또는 전기이월미처리결손금) 　2. 회계정책변경누적효과 　3. 전기오류수정손익 　4. 당기순이익(또는 당기순손실) Ⅱ. 결손금처리액 　1. 임의적립금이입액 　2. 기타법정적립금이입액 　3. 이익준비금이입액 　4. 자본잉여금이입액 Ⅲ. 차기이월미처리결손금(= Ⅰ − Ⅱ)

04 배당

(1) 현금배당

구분	발행회사	투자회사
배당기준일 (결산일)	분개 없음	분개 없음

배당선언일
(주주총회일)
	(차) 미처분이익잉여금 ×××
	(대) 미지급배당금 ×××
	    (유동부채)
		(차) 미수배당금 ×××
		    (유동자산)
		(대) 배당금수익 ×××
		    (당기손익)

배당금 지급일	(차) 미지급배당금 ××× (대) 현금 ×××	(차) 현금 ××× (대) 미수배당금 ×××

(2) 주식배당

구분	발행회사	투자회사
배당기준일 (결산일)	분개 없음	분개 없음 (단, 주당 장부금액은 감소)
배당선언일 (주주총회일)	(차) 미처분이익잉여금 ××× (대) 미교부주식배당금 ××× (자본조정)	
주식 교부일	(차) 미교부주식배당금 ××× (대) 자본금 ×××	

선생님 TIP
유상증자와 무상증자 및 주식배당은 모두 자본금은 증가하지만, 자본총계의 경우 유상증자는 증가하나 무상증자와 주식배당은 불변이다.

★ 암기 PLUS | 자본거래의 비교

구분		거래 여부	자본총액 영향	자본금 영향	이익잉여금 영향
증자 (주식발행)	유상증자	○	증가	증가	불변
	무상증자	○	불변	증가	감소 (법정적립금)
감자 (주식소각)	유상감자	○	감소	감소	불변
	무상감자	○	불변	감소	불변
자기주식	취득	○	감소	불변	불변
	처분	○	증가	불변	불변
	소각	○	불변	감소	불변

배당	현금배당	○	감소	불변	감소 (미처분이익 잉여금)
	주식배당	○	불변	증가	감소 (미처분이익 잉여금)
주식분할		×	불변	불변	불변
주식병합		×	불변	불변	불변

암기 PLUS | 주식배당 · 무상증자 · 주식분할 · 주식병합의 비교

구분		주식배당	무상증자	주식분할	주식병합
발행 회사	거래 여부	○	○	×	×
	자본총액	불변	불변	불변	불변
	자본금	증가	증가	불변	불변
	자본잉여금	불변	감소	불변	불변
	이익잉여금	감소 (미처분이익 잉여금)	감소 (법정적립금)	불변	불변
	발행주식수	증가	증가	증가	감소
	주당 액면금액	불변	불변	감소	증가
	주당 순이익	감소	감소	감소	증가
투자 회사	거래 여부	×	×	×	×
	주당 장부금액	감소	감소	감소	증가

⚡ 기출

01 주식배당시에 자산총액과 자본총액은 (　)하지 않는다. 제22회

02 주식분할로 인해 발행주식수가 증가하면 액면금액은 (　)한다. 제22회

제6절 주당이익 〈빈출〉

$$\text{기본주당이익} = \frac{\text{당기순이익} - \text{우선주배당금}}{\text{보통주 가중평균 사외유통주식수}}$$

✚ 우선주배당금 = 우선주자본금 × 배당률

선생님 TIP

유상증자와 자기주식의 처분은 유통보통주식수를 증가시키지만, 자기주식의 취득은 유통보통주식수를 감소시킨다.

기출정답
01 변동
02 감소

📌 암기 PLUS | 보통주 가중평균 사외유통주식수

우선주식	유통보통주식수에 불포함
유상증자	유상증자일부터 유통보통주식수에 가산하여 가중평균
자기주식 취득 또는 처분	자기주식 취득일부터 유통보통주식수에서 차감 표시하고, 자기주식 처분일부터 유통주식수에 가산하여 가중평균
무상증자, 주식배당, 주식분할 등	기초부터 기산

⚡ 기출

01 주식병합은 주당이익을 계산하는 경우 (   )를 증가시키지 않는다. 제24회

확인예제

20×1년 1월 1일 설립한 (주)한국의 20×1년 보통주(주당 액면금액 ₩5,000) 변동현황은 다음과 같다.

구분	내용	보통주 증감
1월 1일	유통보통주식수	10,000주 증가
4월 1일	무상증자	2,000주 증가
7월 1일	유상증자	1,800주 증가
10월 1일	자기주식 취득	1,800주 감소

20×1년 7월 1일 유상증자는 공정가치로 이루어졌으며, 20×1년 당기순이익은 ₩996,000이다. 20×1년 기본주당순이익은? (단, 우선주는 없고, 가중평균유통주식수는 월할계산한다)

① ₩50   ② ₩60   ③ ₩70
④ ₩80   ⑤ ₩90

해설

(1) 주당이익 = $\dfrac{\text{당기순이익 ₩996,000}}{\text{가중평균유통보통주식수 12,450주}}$ = ₩80

(2) 가중평균유통주식수

1/1	유통보통주식수	10,000주	
4/1	무상증자	+ 2,000주	
7/1	유상증자	+ 900주	⇐ 1,800주 × 6/12
10/1	자기주식 취득	− 450주	⇐ 1,800주 × 3/12
	가중평균유통보통주식수	= 12,450주	

해답 ④

기출정답

01 유통보통주식수

제12장 수익과 비용

기본서 p.350~365

제1절 수익과 비용의 분류

01 수익과 비용의 분류

구분	내용
당기손익항목	기타포괄손익항목이 아닌 수익과 비용 ① **수익**: 매출수익, 영업외수익 ② **비용**: 매출원가, 판매비와 관리비, 영업외비용, 법인세비용
기타포괄손익항목	① 재평가잉여금의 변동 ② 확정급여제도의 재측정요소 ③ 해외사업장의 재무제표 환산으로 인한 손익 ④ 기타포괄손익-공정가치측정 금융자산의 재측정손익 ⑤ 현금흐름위험회피수단의 평가손익 중 효과적인 부분

02 비용의 분류방법

구분	성격별 분류법	기능별 분류법(매출원가법)
예시	감가상각비, 원재료의 구입, 운송비, 종업원급여, 광고비, 이자비용 등	매출원가, 물류원가, 관리활동원가 등
특징	① 미래현금흐름 예측에 유용 ② 적용 간단	① 목적적합한 정보 제공 ② 자의적 배분과 판단 개입 ③ 비용의 성격에 대한 정보 추가 공시

03 포괄손익계산서(이익 구분표시)

```
  매출액
 - 매출원가
 ─────────
 = 매출총이익
 - 판매비와 관리비
 ─────────
 = 영업이익
 + 영업외수익
 - 영업외비용
 ─────────
 = 법인세비용차감전순이익
 - 법인세비용
 ─────────
 = 당기순이익
 ± 기타포괄손익
 ─────────
 = 총포괄손익
```

판매비와 관리비 및 영업외비용

판매비와 관리비	영업외비용
판매운임 판매수수료 급여 임차료 보험료 감가상각비 무형자산상각비 매출채권손상차손 광고선전비 접대비 세금과공과 등	이자비용 기타자산의 손상차손 자산의 처분손실 자산의 평가손실 등

기출

01 수익의 발생에 따라 ( )이 수취되거나 증가될 수 있다. 제13회

02 비용은 자산의 ( ) 또는 부채의 ( )로서 자본의 ( )를 가져온다. 제24회

기출정답

01 자산
02 감소, 증가, 감소

제2절 수익과 비용의 인식

01 수익인식 5단계

⚡ **기출**

01 수익은 (　　)의 감소에 따라 발생할 수도 있다.
　제13회

02 수익인식 5단계: 계약의 식별 ⇨ (　　)의 식별 ⇨ 거래가격을 산정 ⇨ 거래가격을 계약 내 (　　)에 배분 ⇨ (　　)의 이행에 따라 수익을 인식
　제27회

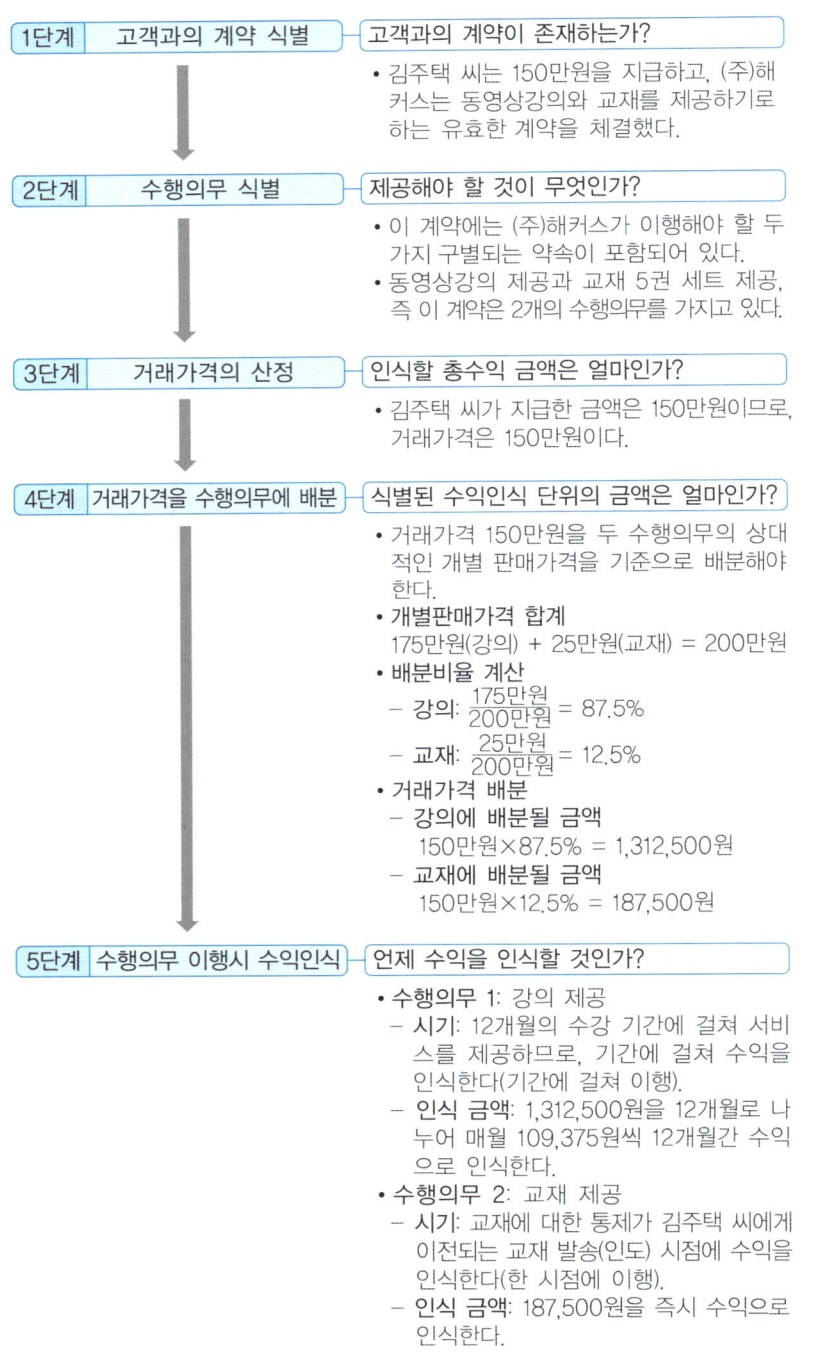

기출정답
01 부채
02 수행의무, 수행의무, 수행

02 수익인식기준의 적용사례

위탁판매	수탁자가 최종 소비자에게 상품을 판매한 시점에 수익(매출)을 인식
시용판매	고객이 매입하겠다는 의사표시를 한 시점에 수익(매출)을 인식
할부판매	할부기간에 관계없이 재화를 인도하는 시점에 수익을 인식 ⇨ **장기할부판매**: 현재가치로 평가한 금액을 수익으로 인식하고, 이자상당액은 기간의 경과에 따라 유효이자율법에 의하여 인식
반품권 부여	① **반품가능성을 예측할 수 있는 경우**: 기업이 받을 권리를 갖게 될 것으로 예상되는 대가를 이전하는 제품에 대한 수익으로 인식하고, 기업이 권리를 갖게 될 것으로 예상하지 않는 부분은 환불부채로 인식 ② **반품가능성을 예측할 수 없는 경우**: 고객에게 재화를 이전할 때 수익을 인식하지 않고 반품권이 소멸되는 시점에서 수익을 인식
상품권	① **고객이 행사한 권리**: 상품권을 회수하는 시점에 수익을 인식 ② **고객이 행사하지 않은 권리**: 기업은 계약부채(선수금) 중 미행사될 것으로 예상되는 금액을 수익으로 인식

선적지·도착지인도기준 판매	구분	수익인식	운송 중인 상품	
			수익인식	소유자
	선적지인도기준 판매	선적한 시점	○	구매회사
	도착지인도기준 판매	목적지에 도착한 시점	×	판매회사

> ★ **암기 PLUS** | 정확한 기말재고액 계산(실사액 수정)
>
> | 기말재고실사액 |
> |---|
> | + ① 미판매한 적송품(위탁자 입장) |
> | − ② 미판매한 적송품(수탁자 입장) |
> | + ③ 매입의사표시를 하지 않은 시송품 |
> | + ④ 선적지인도기준으로 구입한 운송 중인 상품 |
> | + ⑤ 도착지인도기준으로 판매한 운송 중인 상품 |
> | + ⑥ 반품가능성을 예측할 수 없는 반품권 부여 판매상품 |
> | + ⑦ 저당상품(저당권 실행 전) |
> | − ⑧ 미인도청구판매 상품 |
> | = 정확한 기말재고액 |

03 비용의 인식방법

직접대응	매출원가, 판매운임, 판매수수료, 판매보증비용 등
체계적이고 합리적인 배분	유형자산의 감가상각비, 무형자산의 상각비 등
즉시인식	급여, 광고선전비, 이자비용 등

04 건설계약 〔빈출〕

선생님 TIP
진행률에 의한 계약손익의 계산문제가 출제되고 있다.

(1) 공식

누적진행률	$= \dfrac{\text{당기까지 누적계약원가(실제)}}{\text{완성시까지 총계약원가(추정)}}$ $= \dfrac{\text{당기까지 누적계약원가(실제)}}{\text{당기까지 누적계약원가(실제) + 추가계약원가(추정)}}$
당기진행률	= 당기까지 누적 진행률 − 전기까지 누적 진행률
당기계약수익	① 총계약금액 불변 = 총계약금액 × 당기 진행률 ② 총계약금액 변동 = 총계약금액 × 누적 진행률 − 전기까지 인식한 계약수익
당기계약원가	① 원가기준으로 진행률 계산 = 당기 실제발생원가 ② 원가기준 외의 기준으로 진행률 계산 = 총계약원가 × 누적 진행률 − 전기까지 인식한 계약원가
당기계약손익	= 당기 계약수익 − 당기 계약원가

(2) 손실예상시의 수익인식

총계약손실이 예상되는 경우의 미래예상손실은 즉시 당기비용으로 인식한다.

> 당기 계약손실 = ① 총계약손실예상액 + 전기까지 인식한 계약이익

+ ① 총계약손실예상액 = 총계약금액 − 총계약원가

(3) 미청구공사(자산) 또는 초과청구공사(부채)

- ① 미성공사계정 잔액 > ② 진행청구액계정 잔액 ⇨ 미청구공사계정(자산)
- ① 미성공사계정 잔액 < ② 진행청구액계정 잔액 ⇨ 초과청구공사계정(부채)

+ ① 미성공사계정 잔액 = 누적계약원가 ± 누적계약손익
  ② 진행청구액계정 잔액 = 누적대금청구액

> 확인예제

01 (주)한국은 건설계약금액 ₩900,000인 도급공사를 수주하였다. 공사기간은 20×1년부터 20×3년까지이다. (주)한국은 진행기준에 의해 수익과 비용을 인식하고, 공사진행률은 발생원가 기준에 의한다. 20×2년 계약손익은?

구분	20×1년	20×2년	20×3년
당기발생 계약원가	₩150,000	₩125,000	₩275,000
완성시까지 추가계약원가	₩350,000	₩275,000	₩0

① 이익 ₩15,000
② 손실 ₩15,000
③ 이익 ₩55,000
④ 손실 ₩55,000
⑤ 이익 ₩120,000

> 해설

구분	20×1년	20×2년	20×3년	계
누적계약원가	₩150,000	₩275,000	₩550,000	
총계약원가	₩500,000	₩550,000	₩550,000	
누적진행률	30%	50%	100%	
당기진행률	30%	20%	50%	
당기계약수익	₩270,000*¹	₩180,000*²	₩450,000	₩900,000
당기계약원가	₩150,000	₩125,000	₩275,000	₩550,000
당기계약이익	₩120,000	₩55,000	₩175,000	₩350,000

*¹ ₩900,000 × 30% = ₩270,000
*² ₩900,000 × 20% = ₩180,000

해답 ③

02 (주)한국은 20×1년 초에 장기건설계약(건설기간 4년)을 체결하였다. 총공사계약액은 ₩10,000이고 공사원가 관련 자료는 다음과 같다. (주)한국이 발생원가에 기초하여 진행률을 계산하는 경우, 20×3년도에 인식할 공사손익은?

구분	20×1년	20×2년	20×3년	20×4년
당기발생 공사원가	₩1,200	₩2,300	₩2,500	₩2,000
완성에 소요될 추가공사원가 예상액	₩4,800	₩3,500	₩2,000	-

① 손실 ₩1,500
② 손실 ₩700
③ ₩0
④ 이익 ₩700
⑤ 이익 ₩1,500

> 해설

구분	20×1년	20×2년	20×3년
총계약금액	₩10,000	₩10,000	₩10,000
당기계약원가	₩1,200	₩2,300	₩2,500
누적계약원가		₩3,500	₩6,000
총계약원가		₩7,000	₩8,000
누적진행률		50%	75%
당기진행률			25%
당기계약수익			₩2,500
당기계약원가			₩2,500
당기계약손익			₩0*

* ₩10,000 × 25% − ₩2,500 = ₩0

해답 ③

제13장 회계변경과 오류수정

기본서 p.374~378

제1절 회계변경

01 회계정책의 변경

회계정책의 정의	회계정책은 기업이 재무제표를 작성·표시하기 위하여 적용하는 구체적인 원칙, 근거, 관습, 규칙 및 관행을 말한다.
회계정책을 변경할 수 있는 경우	① 한국채택국제회계기준에서 회계정책의 변경을 요구하는 경우 ② 회계정책의 변경을 반영한 재무제표가 거래, 기타 사건 또는 상황이 재무상태, 재무성과 또는 현금흐름에 미치는 영향에 대하여 신뢰성 있고 더 목적적합한 정보를 제공하는 경우
회계정책의 변경에 해당하지 않는 경우	① 과거에 발생한 거래와 실질이 다른 거래, 기타 사건 또는 상황에 대하여 다른 회계정책을 적용하는 경우 ② 과거에 발생하지 않았거나 발생하였어도 중요하지 않았던 거래, 기타 사건 또는 상황에 대하여 새로운 회계정책을 적용하는 경우
회계정책 변경의 예	① 재고자산 측정기준의 변경(선입선출법 ⇌ 가중평균법) ② 유형자산·무형자산 측정기준의 변경(원가모형 ⇌ 재평가모형) ③ 투자부동산 측정기준의 변경(원가모형 ⇌ 공정가치모형)
회계정책 변경의 회계처리	원칙: 새로운 회계정책을 처음부터 적용된 것처럼 조정한다(소급법).
	예외: 과거기간 전체에 대한 회계정책 적용의 누적효과를 실무적으로 결정할 수 없는 경우에는 실무적으로 적용할 수 있는 가장 이른 날부터 새로운 회계정책을 전진 적용하여 비교정보를 재작성한다(전진법).

⚡기출

01 거래의 실질이 다른 거래에 대해 다른 회계정책을 적용하는 것은 ( )의 변경에 해당하지 아니한다.
제13회

기출정답
01 회계정책

🔖 암기 PLUS | 재고자산 측정기준의 변경

가중평균법 ⇄ 선입선출법	영향	
재고자산	매출원가	당기순이익
증가	감소	증가
감소	증가	감소

선생님 TIP
- 감가상각방법의 변경은 회계정책의 변경이 아니라 회계추정의 변경에 해당된다.
- 회계추정의 변경에서는 주로 전진법에 의하여 회계변경 연도의 감가상각비와 기말장부 금액의 계산을 묻는 문제가 출제되고 있다.

⚡ 기출

01 감가상각자산의 추정내용연수가 변경되는 경우 그 변경효과는 (　　)으로 인식한다. 　제13회

02 감가상각대상자산의 내용연수 변경은 (　　)의 변경이다. 　제11회

03 회계정책의 변경효과와 회계추정의 변경효과로 구분하기 불가능한 경우에는 (　　)의 변경으로 본다. 　제11회

02 회계추정의 변경 〈빈출〉

정의	① 회계추정의 변경은 새로운 정보의 획득, 새로운 상황의 전개 등에 따라 지금까지 사용해 오던 회계적 추정치를 바꾸는 것이다. ② 합리적 추정을 사용하는 것은 재무제표 작성의 필수적인 과정이며, 재무제표의 신뢰성을 손상시키지 않는다. ③ 측정기준의 변경은 회계추정의 변경이 아니라 회계정책의 변경에 해당한다. ④ 회계정책의 변경과 회계추정의 변경을 구분하는 것이 어려운 경우에는 이를 회계추정의 변경으로 본다.
회계추정 변경의 예	① 대손 ② 재고자산 진부화 ③ 금융자산이나 금융부채의 공정가치 ④ 감가상각자산의 내용연수 또는 감가상각자산에 내재된 미래경제적 효익의 기대소비행태(감가상각방법) ⑤ 품질보증의무
회계추정 변경의 회계처리	회계추정의 변경효과는 변경이 발생한 기간 또는 발생한 기간과 미래기간의 당기손익에 포함하여 전진적으로 인식한다(전진법).

🔖 암기 PLUS | 유형자산의 감가상각 관련 회계변경

회계변경의 회계처리	유형자산의 잔존가치·내용연수 및 감가상각방법의 변경은 '회계추정의 변경'으로 회계처리한다.
변경연도 감가상각비	변경 직전 장부금액 기초로 변경내용을 반영하여 계산한다(전진법). 　변경 직전 장부금액 　= 취득원가 − 변경 전 내용에 의한 감가상각누계액

기출정답
01 전진법
02 회계추정
03 회계추정

제2절　오류수정

오류의 예		① 산술적 계산 오류 ② 회계정책의 적용 오류 ③ 사실의 간과 ④ 해석의 오류 및 부정
오류의 종류	당기오류	당기 중에 발견한 당기의 잠재적 오류를 말한다.
	전기오류	과거기간 동안에 재무제표를 작성할 때 신뢰할 만한 정보를 이용하지 못했거나 잘못 이용하여 발생한 재무제표에의 누락이나 왜곡 표시를 말한다.
오류의 회계처리	당기오류	당기 중에 발견한 당기의 잠재적 오류는 재무제표의 발행 승인일 전에 수정한다.
	전기오류	① 중요한 전기오류의 회계처리 　・원칙: 소급법 　・예외: 과거기간 전체에 대한 오류의 누적효과를 실무적으로 결정할 수 없는 경우에는 실무적으로 적용할 수 있는 가장 이른 날부터 전진적으로 오류를 수정(전진법)하여 비교정보를 재작성한다. ② 중요하지 않은 전기오류의 회계처리: 한국채택국제회계기준에 규정이 없다. 따라서 기업의 판단으로 당기손익에 반영하거나 수정하지 않을 수 있다.

★ 암기 PLUS | 자동조정 오류와 비자동조정 오류

오류		순이익 영향		기말이익잉여금 영향	
		오류발생 연도	오류발생 다음연도	오류발생 연도	오류발생 다음연도
자동조정	재고자산 과소(과대)	과소 (과대)	과대 (과소)	과소 (과대)	영향 없음
	선급비용 과소(과대)	과소 (과대)	과대 (과소)	과소 (과대)	영향 없음
	미수수익 과소(과대)	과소 (과대)	과대 (과소)	과소 (과대)	영향 없음
	선수수익 과소(과대)	과대 (과소)	과소 (과대)	과대 (과소)	영향 없음
	미지급비용 과소(과대)	과대 (과소)	과소 (과대)	과대 (과소)	영향 없음
비자동조정	감가상각비 과소(과대)	과대 (과소)	–	과대 (과소)	과대 (과소)

선생님 TIP

기말재고 오류의 효과와 기초재고 오류의 효과는 매출원가(비용)와 당기순이익과 자본에 미치는 영향은 반대 방향이다.

★ 암기 PLUS | 재고자산 관련 오류

1. 재고자산 평가 오류 및 재무제표 영향

오류			오류 영향		
기초재고	당기매입	기말재고	당기매출원가	당기순이익	기말이익잉여금
과소 (과대)	–	–	과소(과대)	과대(과소)	매기 당기순이익 누계
–	과소 (과대)	–	과소(과대)	과대(과소)	
–	–	과소 (과대)	과대(과소)	과소(과대)	

2. 재고자산 항목별 오류 영향

오류	오류 영향					
	자산	부채	자본	수익	비용	이익
외상매입 누락, 기말재고실사 포함	불변	과소	과대	불변	과소	과대
외상매입 누락, 기말재고실사 누락	과소	과소	불변	불변	불변	불변
현금매입 누락, 기말재고실사 포함	과대	불변	과대	불변	과소	과대
현금매입 누락, 기말재고실사 누락	불변	불변	불변	불변	불변	불변

★ 암기 PLUS | 유형자산 취득 후 지출 관련 오류

구분		자산으로 처리할 것을 비용으로 처리(자본적 지출을 수익적 지출로 처리)	비용으로 처리할 것을 자산으로 처리(수익적 지출을 자본적 지출로 처리)
당기	자산	과소	과대
	자본	과소	과대
	비용	과대 (감가상각비 과소 < 수선유지비 과대)	과소 (감가상각비 과대 < 수선유지비 과소)
	이익	과소	과대
차기 이후	자산	과소	과대
	자본	과소	과대
	비용	과소 (감가상각비 과소)	과대 (감가상각비 과대)
	이익	과대	과소

제14장 현금흐름표

기본서 p.384~393

제1절 현금흐름표의 의의와 유용성

의의	현금흐름표는 일정기간 동안 현금흐름정보를 제공하는 재무보고서이다.
유용성	① 현금흐름정보는 기업의 현금 및 현금성자산의 창출능력과 현금흐름의 사용필요성에 대한 평가의 기초를 재무제표 이용자에게 제공한다. ② 기업의 재무상태 변동에 관한 정보는 일정 회계기간 동안의 기업의 투자, 재무 및 영업활동을 평가하는 데 유용하다. ③ 현금흐름정보는 서로 다른 기업의 미래현금흐름의 현재가치를 비교·평가하는 모형을 개발할 수 있도록 한다. ④ 현금흐름정보는 동일한 거래와 사건에 대하여 서로 다른 회계처리를 적용함에 따라 발생하는 영향을 제거하기 때문에 영업성과에 대한 기업간의 비교가능성을 제고한다.

⚡ 기출

01 현금흐름표는 회계기간 동안 발생한 현금흐름을 (　　) 활동, (　　)활동 및 (　　) 활동으로 분류하여 보고한다.
제20회

제2절 현금흐름표의 구조

01 현금과 현금흐름의 정의

현금	현금이란 현금 및 현금성자산을 말한다.	
	현금	보유현금과 요구불예금
	현금성자산	유동성이 매우 높은 단기투자자산으로서 취득일로부터 만기일이 3개월 이내인 것
	① 지분상품은 현금성자산에서 제외된다. ② 상환우선주는 현금성자산에 포함된다. ③ 금융회사의 요구에 따라 즉시 상환하여야 하는 당좌차월은 현금 및 현금성자산의 구성요소에 포함된다.	
현금흐름	현금흐름이란 현금 및 현금성자산의 유입 및 유출을 말한다.	

선생님 TIP

현금흐름표의 기본 계산구조에서 각 현금흐름을 역산하여 묻는 계산문제가 출제되고 있다.

기출정답

01 영업, 투자, 재무

⚡ 기출

01 재고자산의 구입, 매입, 채무지급, 종업원급여 지급, 고객에게 용역제공을 수행하고 유입된 금액은 ( ) 활동 현금흐름에 속한다.
제24회

02 단기 매매목적으로 보유하는 유가증권의 취득과 판매에 따른 현금흐름은 ( ) 활동 현금흐름으로 분류한다.
제20회

03 법인세로 인한 현금흐름은 ( )로 공시하며, 재무활동과 투자활동에 명백히 관련되지 않는 한 ( )활동 현금흐름으로 분류한다.
제20회

02 현금흐름표 양식

직접법	간접법
영업활동 현금흐름을 총현금유입과 총현금유출을 주요 항목별로 구분하여 표시하는 방법이다.	영업활동 현금흐름을 당기순손익에 당기순손익 조정항목을 가감하여 표시하는 방법이다.

[현금흐름표]
Ⅰ. 영업활동 현금흐름
  1. 영업활동 현금유입액
  2. 영업활동 현금유출액
Ⅱ. 투자활동 현금흐름
  1. 투자활동 현금유입액
  2. 투자활동 현금유출액
Ⅲ. 재무활동 현금흐름
  1. 투자활동 현금유입액
  2. 투자활동 현금유출액
Ⅳ. 현금의 증가(감소)
  (=Ⅰ+Ⅱ+Ⅲ, =Ⅵ-Ⅴ)
Ⅴ. 기초의 현금
Ⅵ. 기말의 현금
	[현금흐름표]
	Ⅰ. 영업활동 현금흐름
	  1. 당기순이익
	  2. 당기순이익 가감
	Ⅱ. 투자활동 현금흐름
	  1. 투자활동 현금유입액
	  2. 투자활동 현금유출액
	Ⅲ. 재무활동 현금흐름
	  1. 재무활동 현금유입액
	  2. 재무활동 현금유출액
	Ⅳ. 현금의 증가(감소)
	  (=Ⅰ+Ⅱ+Ⅲ, =Ⅵ-Ⅴ)
	Ⅴ. 기초의 현금
	Ⅵ. 기말의 현금

① 직접법 또는 간접법을 기업이 선택하여 적용할 수 있다.
② 직접법이 간접법보다 미래현금흐름의 측정에 더 유용하다. 따라서 한국채택국제회계기준(K-IFRS)은 직접법 사용을 권장한다.
③ 이자와 배당금의 수취 및 지급과 법인세 납부는 각각 별도로 공시한다.

03 현금흐름의 분류 빈출

영업활동	기업의 주요 수익창출활동으로 투자활동이나 재무활동이 아닌 기타의 활동이다.	
	현금유입	현금유출
	① 재화의 판매와 용역 제공 ② 로열티, 수수료, 중개료 및 기타 수익 ③ 법인세의 환급 ④ 단기매매금융자산 처분 등	① 재화와 용역의 구입 ② 종업원급여 ③ 법인세의 납부 ④ 단기매매금융자산 취득 등

선생님 TIP

- 영업활동 현금흐름에서 키워드는 매출, 기타수익, 매입, 종업원 관련 보험료, 법인세, 단기매매계약 등이다.
- 투자활동 현금흐름에서 키워드는 유형자산, 무형자산, 대여금, 다른 기업의 지분상품, 채무상품(단기매매목적 제외) 등이다.
- 재무활동 현금흐름에서 키워드는 주식발행(유상증자), 자기주식취득(처분), 차입금의 차입(상환), 금융리스 부채상환, 사채발행(상환) 등이다.

기출정답

01 영업
02 영업
03 별도, 영업

투자활동	장기성자산 및 현금성자산에 속하지 않는 기타 투자자산의 취득과 처분활동이다.	
	현금유입	**현금유출**
	① 유형자산, 무형자산, 투자부동산의 처분 ② 지분상품이나 채무상품의 처분 (단기매매금융자산은 제외) ③ 대여금의 회수 등	① 유형자산, 무형자산, 투자부동산의 취득 ② 지분상품이나 채무상품의 취득 (단기매매금융자산은 제외) ③ 자금의 대여 등
재무활동	기업의 납입자본과 차입금의 크기 및 구성내용에 변동을 가져오는 활동이다.	
	현금유입	**현금유출**
	① 주식의 발행, 사채의 발행 ② 자금의 차입 등	① 자기주식의 취득, 사채의 상환 ② 차입금의 상환 등

⚡ 기출

01 유형자산 또는 무형자산 처분에 따른 현금유입은 ( ) 활동 현금흐름으로 분류한다. 제20회

02 설비매각과 관련된 현금유입은 ( )활동 현금흐름에 속한다. 제18회

03 단기차입에 따른 현금유입, 주식발행에 따른 현금유입, 회사채 발행에 따른 현금유입, 장기차입금 상환에 따른 현금유출액은 ( )활동 현금흐름에 속한다. 제21회

★ 암기 PLUS | 이자, 배당금 및 법인세의 분류와 별도 공시

구분	이자와 배당금		법인세
분류	이자수취	영업활동 또는 투자활동	재무활동과 투자활동에 명백히 관련되지 않는 한 영업활동으로 분류
	이자지급	영업활동 또는 재무활동	
	배당금수취	영업활동 또는 투자활동	
	배당금지급	영업활동 또는 재무활동	
표시	이자와 배당금의 수취 및 지급에 따른 현금흐름은 각각 별도로 공시		법인세로 인한 현금흐름은 별도로 공시

기출정답
01 투자
02 투자
03 재무

선생님 TIP

직접법의 경우 주로 급여지급액, 이자지급액, 임차료 지급액, 임대료 수취액 등과 같은 계산문제 유형이 출제된다. 거래의 결합관계 T계정을 활용하여 신속한 풀이를 학습해야 한다.

⚡ 기출

01 영업활동 현금흐름은 직접법 또는 간접법 중 하나의 방법으로 보고할 수 있으나, 한국채택국제회계기준에서는 ( )을 사용할 것을 권장하고 있다. 제19회

02 영업활동 현금흐름의 경우 ( )은 영업을 통해 획득한 현금에서 영업을 위해 지출한 현금을 차감하는 방식으로 영업활동 현금흐름을 계산한다. 제19회

기출정답
01 직접법
02 직접법

제3절 영업활동 현금흐름의 계산 ·빈출

01 직접법

(1) 매출

매출수익 발생액	(	)	현금유입액	(	)
기초매출채권	(	)	기말매출채권	(	)
			손상액	(	)
기말선수금	(	)	기초선수금	(	)

(2) 용역수익(기타수익)

용역수익 발생액	(	)	현금유입액	(	)
기초미수수익	(	)	기말미수수익	(	)
기말선수수익	(	)	기초선수수익	(	)

(3) 매출원가

현금유출액	(	)	매출원가 발생액	(	)
기초재고자산	(	)	기말재고자산	(	)
기말매입채무	(	)	기초매입채무	(	)
기초선급금	(	)	기말선급금	(	)

(4) 용역비용(기타비용)

현금유출액	(	)	용역비용 발생액	(	)
기초선급비용	(	)	기말선급비용	(	)
기말미지급비용	(	)	기초미지급비용	(	)

★ 암기 PLUS | 발생기준과 현금기준의 차이

발생기준	차이(영업활동 자산과 부채)	현금기준
매출수익	매출채권, 선수금	현금유입액
용역수익	미수수익, 선수수익	현금유입액
− 매출원가	재고자산, 매입채무, 선급금	− 현금유출액
− 용역비용	미지급비용, 선급비용	− 현금유출액
= 영업이익		= 영업활동 현금흐름

02 간접법

당기순이익(발생기준 순이익) ( )	영업활동 현금흐름(현금기준 순이익) ( )
① 현금유출 없는 비용 ( )	② 현금유입 없는 수익 ( )
③ 투자·재무활동 비용 ( )	④ 투자·재무활동 수익 ( )
⑤ 영업활동 자산 감소·부채 증가 ( )	⑥ 영업활동 자산 증가·부채 감소 ( )

★ 암기 PLUS | 당기순이익 가감항목

① 현금유출 없는 비용	감가상각비, 무형자산상각비, 사채할인발행차금상각, 손상차손 등
② 현금유입 없는 수익	사채할증발행차금상각, 손상차손환입 등
③ 투자·재무활동 비용	유형자산처분손실, 무형자산처분손실, 투자부동산처분손실, 기타포괄손익-공정가치측정 금융자산처분손실, 사채상환손실 등
④ 투자·재무활동 수익	유형자산처분이익, 무형자산처분이익, 투자부동산처분이익, 기타포괄손익-공정가치측정 금융자산처분이익, 사채상환이익 등
⑤, ⑥ 영업활동 자산과 부채	매출채권, 선수금, 재고자산, 매입채무, 선급금, 미수수익, 선수수익, 미지급비용, 선급비용, 단기매매금융자산, 제품보증충당부채 등 ✚ 미수금 및 미지급금은 영업활동 자산과 부채가 아니다.

선생님 TIP

- 간접법의 경우 발생주의 당기순이익이나 법인세비용차감전 순이익이 제시되고 영업활동 현금흐름을 계산하는 문제가 출제된다.
- 거래의 결합관계를 활용한 T계정을 이용하여 간편법으로 풀이하되 투자활동인 기계장치처분금액, 재무활동인 단기차입금 감소, 사채상환액 등은 당기순이익에서 조정하는 항목이 아니므로 고려하지 않는다. 다만, 투자와 재무활동 관련 수익(기계장치처분이익)과 비용계정(사채상환손실) 등은 당기순이익에서 제거해야 하므로 조정해야 한다.

확인예제

01 (주)한국의 20×1년도 현금흐름표상 매출 관련 현금유입액은 ₩1,000,000이다. 다음 추가자료에 의해 20×1년도 포괄손익계산서에 계상되는 매출액은?

구분	20×1년 초	20×1년 말
매출채권	₩200,000	₩250,000
선수금	₩100,000	₩70,000

① ₩920,000
② ₩980,000
③ ₩1,000,000
④ ₩1,050,000
⑤ ₩1,080,000

해설

매출액	(1,080,000)	현금유입액	1,000,000
기초매출채권	200,000	기말매출채권	250,000
기말선수금	70,000	기초선수금	100,000

해답 ⑤

02 다음은 (주)한국의 20×1년도 재무제표의 일부 자료이다.

(1) 재무상태표의 일부 자료

계정과목	기초잔액	기말잔액
매출채권(순액)	₩140	₩210
선급영업비용	₩25	₩10
미지급영업비용	₩30	₩50

(2) 포괄손익계산서의 일부 자료
- 매출액 ₩410
- 영업비용 ₩150

위 자료에 기초한 20×1년도 (주)한국의 고객으로부터 유입된 현금흐름(A)과 영업비용으로 유출된 현금흐름(B)은?

	(A)	(B)		(A)	(B)
①	₩335	₩155	②	₩340	₩115
③	₩340	₩145	④	₩350	₩115
⑤	₩350	₩155			

해설

(1) 현금유입액

매출액	410	현금유입액	(340)
		매출채권 증가	70

(2) 현금유출액

현금유출액	(115)	영업비용	150
선급영업비용 감소	15		
미지급영업비용 증가	20		

해답 ②

제15장 재무비율분석 (빈출)

기본서 p.402~406

분류	비율	산식
유동성	유동비율	$= \dfrac{\text{유동자산}}{\text{유동부채}}$
	당좌비율	$= \dfrac{\text{당좌자산}}{\text{유동부채}} = \dfrac{\text{유동자산} - \text{재고자산}}{\text{유동부채}}$
안전성	부채비율	$= \dfrac{\text{부채}}{\text{자기자본}}$
	자기자본비율	$= \dfrac{\text{자기자본}}{\text{총자산}}$
활동성	재고자산회전율	$= \dfrac{\text{매출원가}}{\text{평균재고자산}}$
	매출채권회전율	$= \dfrac{\text{외상매출액}}{\text{평균매출채권}}$
	재고자산평균회전기간	$= \dfrac{\text{회계기간 일수}}{\text{재고자산회전율}}$
	매출채권평균회수기간	$= \dfrac{\text{회계기간 일수}}{\text{매출채권회전율}}$
	평균영업주기	= 재고자산평균보유(회전)기간 + 매출채권평균회수기간
	총자산회전율	$= \dfrac{\text{매출액}}{\text{평균총자산}}$
	자기자본회전율	$= \dfrac{\text{매출액}}{\text{평균자기자본}}$
수익성	매출총이익률	① 매출총이익률(매출액 기준) $= \dfrac{\text{매출총이익}}{\text{매출액}}$ ② 매출총이익률(매출원가 기준) $= \dfrac{\text{매출총이익}}{\text{매출원가}}$
	매출액순이익률	$= \dfrac{\text{당기순이익}}{\text{매출액}}$
	총자산순이익률 (= 총자본순이익률)	$= \dfrac{\text{당기순이익}}{\text{평균총자산}}$ $= \dfrac{\text{당기순이익}}{\text{매출액}} \times \dfrac{\text{매출액}}{\text{평균총자산}}$ = 매출액순이익률 × 총자산회전율

선생님 TIP

유동비율의 경우 문제에서 200%가 제시되었다면 이는 100%, 즉 1보다 큰 상황이므로 제시지문에서 유동자산과 유동부채가 동액이 증가하면 감소하고, 동액이 감소하면 증가한다.

기출

01 유동비율이 1보다 작은 경우 유동자산이 증가하고, 유동부채가 동액 증가하는 경우 유동비율은 ( )한다. 제23회

02 유동비율이 1보다 큰 경우 유동자산이 감소하고, 유동부채가 동액 감소하는 경우 유동비율이 ( )한다. 제15회

03 매출채권회전율, 재고자산회전율, 총자산회전율, 재고자산평균회전기간은 ( )을 분석할 수 있다. 제18회

04 ( )는 재고자산회전기간과 매출채권회수기간의 합계이다. 제21회

05 ( )은 매출액순이익률과 총자산회전율의 곱으로 계산된다. 제15회

기출정답
01 증가
02 증가
03 활동성
04 정상영업주기
05 총자산순이익률

⚡ **기출**

01 자기자본순이익률은 매출액순이익률과 총자산회전율 그리고 ( )의 곱으로 계산된다. 제12회

$$\text{자기자본순이익률} = \frac{\text{당기순이익}}{\text{평균자기자본}}$$

$$= \frac{\text{당기순이익}}{\text{매출액}} \times \frac{\text{매출액}}{\text{평균자기자본}}$$

$$= \text{매출액순이익률} \times \text{자기자본회전율}$$

$$= \text{매출액순이익률} \times \frac{\text{매출액}}{\text{평균총자산}} \times \frac{\text{평균총자산}}{\text{평균자기자본}}$$

$$= \text{매출액순이익률} \times \text{총자산회전율} \times (1 + \text{부채비율})$$

$$= \text{총자산순이익률} \times (1 + \text{부채비율})$$

$$= \text{매출액순이익률} \times \text{총자산회전율} \div \text{자기자본비율}$$

$$= \text{총자산순이익률} \div \text{자기자본비율}$$

★ **암기 PLUS** | 분모 및 분자 동액 증감시 종전 비율 변동

종전 비율	분모 및 분자 동액 증감	종전 비율 변동
100%	증가	불변
	감소	불변
100% 미만	증가	증가
	감소	감소
100% 초과	증가	감소
	감소	증가

확인예제

01 종전 부채비율이 80%, 유동비율이 150%일 때, 2년 후 만기가 도래하는 장기차입금 ₩100,000을 현금으로 조기상환하였다. 이 거래가 부채비율과 유동비율에 미치는 영향은?

	부채비율	유동비율
①	불변	불변
②	감소	증가
③	증가	감소
④	증가	증가
⑤	감소	감소

기출정답

01 1 + 부채비율

해설

종전 비율	거래	종전 비율 증감
	(차) 장기차입금 ₩100,000 (대) 현금 ₩100,000	
부채비율 80%	분모(자본) 불변, 분자(부채) 감소	감소
유동비율 150%	분모(유동부채) 불변, 분자(유동자산) 감소	감소

해답 ⑤

02 다음의 자료에 의한 매출채권회전율은?

- 기초매출채권   ₩300,000
- 매출채권회수액   ₩1,000,000
- 기말매출채권   ₩200,000

① 2.5회
② 3회
③ 3.5회
④ 3.6회
⑤ 4회

해설

(1) 매출채권회전율 = 외상매출액 ₩900,000 ÷ 평균매출채권 ₩250,000 = 3.6회
(2) 외상매출액 = 회수액 ₩1,000,000 + 기말매출채권 ₩200,000 − 기초매출채권 ₩300,000 = ₩900,000
(3) 평균매출원가 = (₩200,000 + ₩300,000) ÷ 2 = ₩250,000

해답 ④

MEMO

2026 해커스 주택관리사(보)
7일완성 핵심요약집
house.Hackers.com

제 2 편

원가 · 관리회계

제 1 장 원가
제 2 장 제품별 원가계산
제 3 장 CVP분석
제 4 장 전부원가계산 및 변동원가계산
제 5 장 표준원가계산
제 6 장 특수의사결정회계

제1장 원가

기본서 p.414~422

제1절 원가의 분류

제조 관련	제품원가	제품의 제조에 투입된 원가로 판매시 비용처리하고 미판매분은 재고자산으로 처리하는 원가(= 제조원가, 재고가능원가)
	기간원가	제품의 제조와 관련이 없는 원가로 발생기간에 비용으로 처리하는 원가(= 비제조원가, 재고불능원가) 예 각종 판매비와 관리비
발생형태	재료원가	제품의 제조에 투입된 원재료의 소비액
	노무원가	제품의 제조에 투입된 사람의 노동력의 소비로 인해 발생하는 원가
	제조경비원가	제품의 제조에 투입된 재료원가와 노무원가 이외의 기타의 원가
추적가능성	제조직접원가	특정 제품의 제조를 위해서만 소비되어 직접 그 특정 제품에 부과할 수 있는 원가(= 기본원가, 기초원가) 예 직접재료원가(주재료 원가), 직접노무원가(주작업자원가), 직접제조경비원가(외주가공비, 특허권사용료, 특정제품 설계비 등)
	제조간접원가	① 여러 제품의 제조를 위하여 공통적으로 소비되어 특정 제품에 직접 부과할 수 없는 원가 ② 제조간접원가는 원가계산 기간별로 총액을 파악하고 합리적인 기준을 정하여 각 제품에 배분 예 간접재료원가(부재료), 간접노무원가(감독자 급여, 수리공 급여 등), 간접제조경비원가(공장건물 감가상각비 및 임차료, 전기료, 수도료, 난방비, 통신비, 수선비 등)
원가계산	직접재료원가	주재료의 원가
	직접노무원가	주작업자의 노무원가
	제조간접원가	= 간접재료원가 + 간접노무원가 + 간접제조경비원가

조업도	변동제조원가	① 조업도 수준이 변동함에 따라 원가총액도 변동하는 원가(조업도와 비례, 우상향) ② 단위당 변동원가는 일정 **예** 재료원가, 직접노무원가, 변동제조간접원가(전기료, 통신비 등)
	고정제조원가	① 조업도의 변동에 관계없이 원가총액이 일정하게 발생하는 원가 ② 단위당 고정원가는 변동(조업도와 반비례, 우하향) **예** 고정제조간접원가(감가상각비, 임차료 등)
	준변동제조원가	조업도의 변동에 따라 변동하는 변동원가와 조업도의 변동에 관계없이 발생하는 고정원가의 두 부분으로 구성된 원가(= 혼합원가)
	준고정제조원가	일정 조업도의 범위(관련 범위) 내에서는 발생원가가 고정되지만, 일정 조업도를 초과하면 고정원가가 추가로 발생하는 원가(= 단계원가)
의사결정	관련원가	대체안간에 차이가 발생할 것으로 기대되는 미래원가로 의사결정에 관련이 있는 원가
	비관련원가	대체안간에 차이가 없는 원가로 의사결정에 관련이 없는 원가
	매몰원가	이미 발생한 과거원가로 미래의 의사결정에 관련이 없는 원가
	기회원가	선택가능한 대체안 중에서 한 대체안을 선택한 경우 포기한 대체안에서 상실되는 효익
제조원가 명세서	당기총제조원가	당기의 제품제조에 투입(소비, 발생)된 직접재료원가와 직접노무원가 및 제조간접원가의 합계액
	당기제품제조원가	당기에 완성된 제품의 원가
기타	기본원가	= 기초원가 = 직접원가 = 직접재료원가 + 직접노무원가
	가공원가	= 전환원가 = 직접노무원가 + 제조간접원가

⚡기출

01 관련 범위 내에서 생산량이 감소하면 단위당 고정원가는 (　)한다. 제20회

02 관련 범위 내에서 생산량이 증가하면 단위당 변동원가는 (　)하다. 제20회

03 관련 범위 내에서 혼합원가는 조업도가 0이라도 원가는 (　)한다. 제20회

04 계단(= 준고정)원가는 일정한 범위의 조업도 수준에서만 원가총액이 (　)하다. 제20회

05 기회원가는 의사결정시 고려해야 할 (　)원가이다. 제20회

기출정답
01 증가
02 일정
03 발생
04 일정
05 관련

선생님 TIP
원가구성에서는 용어를 정확하게 알아야 한다.

📘 암기 PLUS | 원가의 구성과 계산방법

1. 원가의 구성도

			판매이익 (= 영업이익)	
		판매비와 관리비 (= 기간원가)		판매가격 (매출액)
	제조간접원가		총원가 (= 판매원가)	
직접재료원가	제조직접원가	당기제품 제조원가		
직접노무원가	(= 기초원가)			

2. 원가의 계산방법

제품의 생산형태	① 개별원가계산, ② 종합원가계산
원가의 측정방법	① 실제원가계산, ② 정상원가계산, ③ 표준원가계산
제품원가의 범위	① 전부원가계산, ② 변동원가계산

확인예제

원가가산 가격결정방법에 의해서 판매가격을 결정하는 경우 (　) 안에 들어갈 금액으로 옳은 것은? (단, 영업이익은 총원가의 30%이고, 판매비와 관리비는 제조원가의 50%이다)

	영업이익 (마)	
판매비와 관리비 (다)		
제조간접원가 (가)	총원가 (바)	판매가격 ₩58,500
직접재료원가 ₩12,500	기초원가 (나)	제조원가 (라)
직접노무원가 ₩12,500		

	(가)	(나)	(다)	(라)	(마)	(바)
①	₩5,000	₩25,000	₩15,000	₩30,000	₩13,500	₩45,000
②	₩5,000	₩25,000	₩17,500	₩35,000	₩10,500	₩48,000
③	₩10,000	₩25,000	₩15,000	₩30,000	₩13,500	₩45,000
④	₩10,000	₩25,000	₩17,500	₩35,000	₩10,500	₩48,000
⑤	₩10,000	₩25,000	₩17,500	₩30,000	₩10,500	₩48,000

> **해설**
> (나) 기초원가 = 직접재료원가 ₩12,500 + 직접노무원가 ₩12,500 = ₩25,000
> (바) 총원가 = 판매가격 ₩58,500 ÷ (1 + 0.3) = ₩45,000
> (마) 영업이익 = 판매가격 ₩58,500 − 총원가 ₩45,000 = ₩13,500(또는 총원가 ₩45,000 × 0.3)
> (라) 제조원가 = 총원가 ₩45,000 ÷ (1 + 0.5) = ₩30,000
> (다) 판매비와 관리비 = 총원가 ₩45,000 − 제조원가 ₩30,000 = ₩15,000(또는 제조원가 ₩30,000 × 0.5)
> (가) 제조간접원가 = 제조원가 ₩30,000 − 기초원가 ₩25,000 = ₩5,000
>
> 해답 ①

제2절 원가형태의 추정

01 고저점법

정의	조업도의 변화에 따라 원가가 어떻게 변동하는가를 파악하기 위해 최고조업도와 최저조업도의 원가를 직선으로 연결하여 원가함수를 추정하는 방법
원가함수 추정	원가함수: $y = a + bx$ a: 총고정원가, b: 단위당 변동원가 ① 단위당 변동원가(b) $$= \frac{\text{최고조업도에서의 총원가} - \text{최저조업도에서의 총원가}}{\text{최고조업도} - \text{최저조업도}}$$ ② 총고정원가(a) = 총원가 − 총변동원가 = 최고조업도에서의 총원가 − 최고조업도 × 단위당 변동원가(b) = 최저조업도에서의 총원가 − 최저조업도 × 단위당 변동원가(b)

선생님 TIP
- 고저점법에 의해 단위당 변동원가와 고정원가를 계산하여 원가식을 추정하고 특정조업도의 총원가를 계산하는 문제를 학습한다.
- 단위당 변동원가식에서 단위당 변동원가가 주어진 분자와 분모요소 이해를 통해 각 요소를 역산하여 계산하는 문제를 정리한다.

02 학습곡선

정의	학습곡선이란 학습효과에 의해 생산량이 증가하여 누적생산량이 2배가 될 때마다 단위당 누적평균노무시간이 일정한 비율(학습률)로 감소하는 것을 나타내는 비선형원가함수를 말한다.
예시	학습률이 90%이고 제품 1단위 생산하는 데 노무시간이 100시간인 경우 | 누적생산량	단위당 평균노무시간	총노무시간
---	---	---
1단위	100시간	100시간
2단위	90시간(= 100시간 × 90%)	180시간
4단위	81시간(= 90시간 × 90%)	324시간	

제3절 원가의 흐름 〈빈출〉

재료	
기초재료	당기소비액
당기매입액	기말재료

재공품	
기초재공품	당기제품
직접재료원가	
직접노무원가	
제조간접원가	기말재공품

제품	
기초제품	매출원가
당기제품	기말제품

노무원가	
당기발생액	당기소비액

제조경비원가	
당기발생액	당기소비액

① 당기재료원가 소비액(= 발생액, 투입액)
   = 기초재료재고액 + 당기재료매입액 − 기말재료재고액
② 당기노무원가·제조경비원가 소비액(= 발생액, 투입액)
   = 당기현금지급액 + 전기선급액 − 당기선급액 − 전기미지급액 + 당기미지급액
③ 당기총제조원가 = 당기재료원가 소비액 + 당기노무원가 소비액 + 당기제조경비원가 소비액
④ 당기제품제조원가 = 기초재공품재고액 + 당기총제조원가 − 기말재공품재고액
⑤ 매출원가 = 기초제품재고액 + 당기제품제조원가 − 기말제품재고액
⑥ 매출총이익 = 매출액 − 매출원가

> **확인예제**
>
> (주)한국은 실제원가계산을 적용하고 있으며, 20×1년의 기초 및 기말재고자산은 다음과 같다.
>
> | | | | |
> |---|---|---|---|
> | • 기초원재료 | ₩20,000 | • 기말원재료 | ₩50,000 |
> | • 기초재공품 | ₩50,000 | • 기말재공품 | ₩80,000 |
> | • 기초제품 | ₩100,000 | • 기말제품 | ₩130,000 |
>
> 당기 매입한 원재료는 ₩500,000이고 당기 발생한 직접노무원가와 제조간접원가는 각각 ₩200,000과 ₩300,000이다. 20×1년의 매출원가는?
>
> ① ₩880,000 ② ₩890,000 ③ ₩900,000
> ④ ₩910,000 ⑤ ₩920,000
>
> **해설**
>
> | | | | |
> |---|---:|---|---:|
> | 원재료매입액 | 500,000 | 원재료 증가 | 30,000 |
> | 직접노무원가 | 200,000 | 재공품 증가 | 30,000 |
> | 제조간접원가 | 300,000 | 제품 증가 | 30,000 |
> | | | 매출원가 | (910,000) |
>
> 해답 ④

제2장 제품별 원가계산

제1절 개별원가계산

01 개별원가계산과 종합원가계산

구분	개별원가계산	종합원가계산
생산형태	다품종 소량 주문생산형태	동종제품 연속적인 대량생산형태
적용업종	조선업, 건설업 등	제지업, 제분업, 시멘트제조업 등
원가계산	제조지시서별 원가 집계 ① 완성품원가: 완성 제조지시서에 집계된 원가합계 ② 기말재공품원가: 미완성 제조지시서에 집계된 원가합계	공정별 원가 집계 ① 완성품원가 　= 완성품수량 × 단위당 원가 ② 기말재공품원가 　= 기말재공품환산량 × 단위당 원가
중심과제	제조간접원가의 배부	총원가 배분
원가의 분류	① 직접재료원가 ② 직접노무원가 ③ 제조간접원가	① 직접재료원가 ② 가공원가(= 전환원가)

개별원가계산표

구분	제조지시서 #1	제조지시서 #2	제조지시서 #3	계
기초재공품	×××	×××	×××	×××
직접재료원가	×××	×××	×××	×××
직접노무원가	×××	×××	×××	×××
제조간접원가	(　　)	(　　)	(　　)	×××
계				

⚡ 기출

01 제조간접원가 예정배부액이 실제발생액보다 작은 경우 배부차이는 (　　)배부가 된다. 제19회

02 제조간접원가 예정배부시 배부차이를 비례배분법에 의해 조정하는 경우 차이 조정에 반영되는 계정은 기말(　　), 기말(　　) 그리고 (　　)이다. 제22회

03 제조간접원가 배부차이를 매출원가에서 조정하는 경우 과소배부의 경우는 매출원가에 (　　)하고, 과대배부인 경우 매출원가에서 (　　)한다. 제15회

04 정상개별원가계산에서 제품제조원가는 기초재공품에 직접재료원가, 직접노무원가 그리고 제조간접원가 (　　)에서 기말재공품을 차감한 금액이다. 제24회

02 제조간접원가 배부 ◀빈출▶

실제배부	① 실제배부율 = $\dfrac{\text{실제제조간접원가 총액}}{\text{각 제품의 실제배부기준 합계}}$
	② 실제배부액 = 각 제품의 실제배부기준 × 실제배부율
예정배부	① 예정배부율 = $\dfrac{\text{예정제조간접원가 총액(예산)}}{\text{각 제품의 예정배부기준 합계}}$
	② 예정배부액 = 각 제품의 실제배부기준 × 예정배부율
	③ 제조간접원가 배부차이 = 실제발생액 − 예정배부액
	과대배부차이(유리)　　실제발생액 < 예정배부액
	과소배부차이(불리)　　실제발생액 > 예정배부액
	④ 제조간접원가 배부차이 회계처리
	매출원가조정법　　전액을 매출원가계정에서 가감
	비례배분법(보충률법)　매출원가와 기말제품 및 기말재공품의 각 금액에 비례해서 가감

예정배부표

예정제조간접원가총액(예산)
÷ 예정조업도(예산)
= 예정배부율
× 실제조업도
= 예정배부액
− 실제발생액
= 배부차이

확인예제

(주)한국은 20×1년 초 영업을 개시하여 선박을 제조·판매하고 있으며, 직접노무시간을 기준으로 제조간접원가를 예정배부하는 정상개별원가계산을 적용하고 있다. 제조 및 판매와 관련된 자료는 다음과 같다.

• 연간 제조간접원가 예산	₩360,000
• 연간 예정조업도	40,000직접노무시간
• 실제 발생한 제조간접원가	₩362,500
• 실제 직접노무시간	42,500시간

기출정답

01 과소
02 재공품, 제품, 매출원가
03 가산, 차감
04 예정배부액

(주)한국의 20×1년 제조간접원가 배부차이는?

① ₩20,000(과대) ② ₩20,000(과소)
③ ₩15,000(과대) ④ ₩15,000(과소)
⑤ ₩10,000(과대)

> **해설**
>
> 제조간접원가 예정배부표
>
> | | 제조간접원가 예산 | ₩360,000 |
> |---|---|---|
> | ÷ | 예정조업도 | 40,000시간 |
> | = | 예정배부율 | ₩9/시간 |
> | × | 실제 직접노무시간 | 42,500시간 |
> | = | 제조간접원가 예정배부액 | ₩382,500 |
> | − | 제조간접원가 실제발생액 | ₩362,500 |
> | = | 배부차이 | ₩20,000(과대배부) |
>
> 해답 ①

03 부문별 원가계산 〈빈출〉

정의	제조간접원가를 원가가 발생한 장소인 부문별로 계산하는 것을 부문별 원가계산이라 한다.
원가계산 절차	① 직접원가를 각 제조지시서에 직접 부과 ② 부문개별제조간접원가를 각 부문(제조부문과 보조부문)에 직접 부과 ③ 부문공통제조간접원가를 적절한 배부기준에 의해 각 부문에 배부 ④ 보조부문원가를 제조부문에 배부 ⑤ 제조부문원가를 각 제품(제조지시서)에 배부
보조부문원가의 배부방법	**직접배분법**: 보조부문 상호간의 용역의 수수를 무시하고 보조부문원가를 직접 각 제조부문에 배부하는 방법 **단계배분법**: 보조부문 상호간의 용역의 수수를 한쪽 방향으로만 인정하여 보조부문원가를 배부하는 방법 **상호배분법**: 보조부문 상호간의 용역의 수수를 양방향 모두 인정하여 보조부문원가를 배부하는 방법('연립방정식'으로 계산)

선생님 TIP
직접배분법, 단계배분법, 상호배분법의 차이점을 정확하게 파악하여 계산문제를 정리해야 한다.

기출
01 (　　)배분법은 보조부문 상호간의 용역수수관계를 전혀 고려하지 않는 방법이다. 제16회

02 단계배분법은 보조부문원가의 배부순서를 정하여 그 순서에 따라 단계적으로 보조부문원가를 다른 보조부문과 제조부문에 배분하는 방법이다. 따라서 보조부문 상호간의 용역수수관계를 (　　) 고려하는 방법이다. 제16회

03 (　　)배분법은 보조부문 상호간의 용역수수관계를 모두 고려하여 보조부문원가를 다른 보조부문과 제조부문에 배분하는 방법이다. 제16회

기출정답
01 직접
02 일부
03 상호

> **확인예제**

보조부문인 수선부와 전력부에서 발생한 원가는 각각 ₩20,000과 ₩12,000이며, 단계배부법으로 제조부문인 A공정과 B공정에 배부한다. 보조부문이 제공한 용역이 다음과 같을 때, 보조부문에서 A공정에 배부되는 금액은? (다만, 수선보조부문 원가부터 배부한다)

사용 제공	보조부문		제조부문		합계
	수선부	전력부	A공정	B공정	
수선부	2,500시간	4,000시간	4,000시간	2,000시간	12,500시간
전력부	8,000kWh	4,000kWh	4,000kWh	4,000kWh	20,000kWh

① ₩13,000　　　　　　　　　　② ₩14,000
③ ₩16,000　　　　　　　　　　④ ₩18,000
⑤ ₩20,000

[해설]
(1) 자가소비용역 무시

사용 제공	보조부문		제조부문		합계
	수선부	전력부	A공정	B공정	
수선부	–	4,000시간	4,000시간	2,000시간	10,000시간
전력부	8,000kWh	–	4,000kWh	4,000kWh	16,000kWh

(2) 보조부문에서 A공정에 배부되는 금액
　수선부 ⇨ A공정　　　　₩20,000 × 4,000시간/10,000시간 = ₩8,000
　전력부 ⇨ A공정　(₩12,000 + ₩8,000*) × 4,000kWh/8,000kWh = ₩10,000
　　　합계　　　　　　　　　　　　　　　　　　　　　　　₩18,000
* (수선부 ⇨ 전력부) = ₩20,000 × 4,000시간/10,000시간 = ₩8,000

해답 ④

제2절　활동기준원가계산

01 의의

작업활동별로 원가의 발생을 집계하고 활동별로 배부기준을 설정한 다음, 각 활동별 원가를 활동별 원가동인의 기준에 따라 제품에 배부하는 원가계산방법으로 정확한 제품원가계산을 위해 개발된 방법이다.

➕ 한계: 활동을 명확하게 구분하는 기준이 없으므로 관리자의 주관이 개입될 수 있다.

전통적 원가계산과 활동기준원가계산의 비교

구분	전통적 원가계산	활동기준원가계산
제조간접원가 집계	공장 전체 또는 부문	활동
배부기준	• 생산량(단위수준) 관련 배부기준 예 직접노무원가, 기계시간 등	• 원가동인(비재무적 원가동인도 사용) 예 원재료 구매횟수, 작업준비횟수 등
제조간접원가배부율	공장 전체 또는 제조부문별 제조간접원가배부율	활동별 제조간접원가배부율
배부기준의 인과관계	인과관계가 약함	인과관계가 강함
원가배부의 정확성	상대적으로 낮음	상대적으로 높음
시간과 비용	적게 발생함	많이 발생함

⚡ 기출

01 활동기준원가계산은 활동을 분석하고 (   )을 파악하는 데 시간과 비용이 많이 발생하며, 제조원가뿐만 아니라 비제조원가도 원가동인에 의해 배부할 수 있다. 제19회

02 활동기준원가계산은 활동이 자원을 소비하고 제품이 활동을 소비한다는 개념을 이용하며 배부기준의 수가 (   ). 제19회

확인예제

활동기준원가계산을 적용하는 (주)한국은 두 종류의 제품 A, B를 생산하고 있다. 활동 및 활동별 전환(가공)원가는 다음과 같다.

활동	원가동인	배부율
선반작업	기계회전수	회전수당 ₩300
연마작업	부품수	부품당 ₩400
조립작업	조립시간	시간당 ₩100

500단위의 제품 A를 생산하기 위한 직접재료원가는 ₩300,000, 재료의 가공을 위해 소요된 연마작업 부품수는 300단위, 조립작업 조립시간은 1,000시간이다. 이렇게 생산한 제품 A의 단위당 제조원가가 ₩1,520이라면, 제품 A를 생산하기 위한 선반작업의 기계회전수는?

① 300회
② 500회
③ 800회
④ 1,000회
⑤ 1,300회

해설

(1) 제품 A의 단위당 제조원가 ₩1,520 = 단위당 직접재료원가 + 단위당 가공원가
= 단위당 직접재료원가(₩300,000/500단위 = ₩600) + 단위당 가공원가
⇨ 단위당 가공원가 = ₩920

(2) 가공원가 = ₩920 × 500단위 = ₩460,000
가공원가 = (기계회전수 × ₩300) + (300단위 × ₩400) + (1,000시간 × ₩100) = ₩460,000
⇨ 기계회전수 = 800회

해답 ③

기출정답
01 원가동인
02 많다

02 활동수준의 구분

단위수준활동(전력사용량), 배치수준활동(작업준비활동), 제품유지수준활동 [공장설계(유지)활동], 설비유지수준활동(공장설비관리) 등이 있다.

03 원가계산

① **활동분석**: 기업의 제조활동을 세분화된 개별활동으로 나누어 활동별로 분석한다.
② **활동중심점의 설정 및 자원원가의 활동별 집계**: 활동분석에서 결정된 활동별로 발생된 총원가를 집계한다.
③ **활동별로 원가동인 결정**: 원가의 직접적인 변동원인이 무엇인지 파악한다.

+ 활동기준원가계산은 다양한 원가동인을 사용하는데, 활동별 원가와 상관관계가 많은 비재무적 측정치(주문건수, 검사횟수 등)가 많이 사용된다.

제3절 종합원가계산 (빈출)

01 종합원가계산의 기본계산구조 - 총원가 배분

재공품

기초재공품원가	×××	완성품원가	(?)
당기투입원가	×××	기말재공품원가	(?)
총원가	×××	총원가	×××

⇐ 완성품수량 × 완성품환산량 단위당 원가
⇐ 기말재공품환산량 × 완성품환산량 단위당 원가

기출

01 가공원가가 공정전반에 걸쳐 균등하게 발생한다면, 가중평균법과 선입선출법 간에 가공원가의 완성품환산량의 차이는 (　)의 차이로 계산된다. 제25회

02 종합원가계산의 기말재공품 평가는 기말재공품환산량에 (　)를 곱한 금액이다. 제19회

02 종합원가계산 절차

(1) 완성품환산량 단위당 원가계산

$$완성품환산량\ 단위당\ 원가 = \frac{제조원가}{완성품환산량}$$

기출정답
01 기초재공품환산량
02 완성품환산량 단위당 원가

(2) 총원가 배분

① 기말재공품원가	= 기말재공품환산량 × 완성품환산량 단위당 원가
② 완성품원가	= 총원가 − 기말재공품원가(①)

기말(기초)재공품의 완성품환산량 계산

원가의 투입(발생) 시점		기말(기초)재공품의 완성품환산량
직접재료	공정 초에 전부 투입	= 기말(기초)재공품수량 × 완성도(100%)
	공정 중에 균등하게 투입	= 기말(기초)재공품수량 × 완성도(0~100%)
가공원가	공정 중에 균등하게 발생	= 기말(기초)재공품수량 × 완성도(0~100%)

★ 암기 PLUS | 완성품환산량 단위당 원가계산

원가투입	원가흐름	완성품환산량 단위당 원가
모든 원가 공정 중 균등 발생	평균법	= $\dfrac{\text{기초재공품원가} + \text{당기투입원가}}{\text{완성품수량} + \text{기말재공품환산량}}$
	선입선출법	= $\dfrac{\text{당기투입원가}}{\text{완성품수량} + \text{기말재공품환산량} - \text{기초재공품환산량}}$
직접재료 공정 초 전부 투입 & 가공원가 공정 중 균등 발생	평균법	= $\dfrac{\text{기초재공품원가} + \text{당기투입원가}}{\text{완성품수량} + \text{기말재공품수량}}$
		= $\dfrac{\text{기초재공품원가} + \text{당기투입원가}}{\text{완성품수량} + \text{기말재공품환산량}}$
	선입선출법	= $\dfrac{\text{당기투입원가}}{\text{완성품수량} + \text{기말재공품수량} - \text{기초재공품수량}}$
		= $\dfrac{\text{당기투입원가}}{\text{완성품수량} + \text{기말재공품환산량} - \text{기초재공품환산량}}$

선생님 TIP

평균법과 선입선출법에 의한 완성품환산량, 완성품환산량 단위당 원가, 기말재공품평가 그리고 완성품원가 계산이 출제된다.

1. 원가의 투입(발생)시점

모든 원가 공정 중 균등하게 발생	직접재료원가와 가공원가의 합계액으로 완성품환산량 단위당 원가계산
직접재료는 공정 초 전부 투입 & 가공원가는 공정 중 균등 발생	직접재료원가와 가공원가로 각각 완성품환산량 단위당 원가계산

2. 원가흐름의 가정

평균법	기초재공품원가와 당기투입원가의 합계액으로 완성품환산량 단위당 원가계산
선입선출법	당기투입원가만으로 완성품환산량 단위당 원가계산

> **확인예제**

01 다음은 종합원가계산제도를 채택하고 있는 (주)한국의 당기 제조활동에 관한 자료이다.

• 기초재공품	₩3,000(300단위, 완성도 60%)
• 당기투입원가	₩42,000
• 당기완성품수량	800단위(완성도 50%)
• 기말재공품	200단위

모든 원가는 공정 전체를 통하여 균등하게 발생한다. 평균법에 의한 완성품환산량과 선입선출법에 의한 완성품환산량은? (단, 공손 및 감손은 없다)

	평균법	선입선출법		평균법	선입선출법
①	720단위	720단위	②	900단위	900단위
③	720단위	920단위	④	900단위	720단위
⑤	1,000단위	700단위			

> 해설

(1) 평균법: 완성품수량 + 기말재공품환산량
 = 800단위 + (200단위 × 0.5) = 900단위
(2) 선입선출법: 완성품수량 + 기말재공품환산량 − 기초재공품환산량
 = 800단위 + (200단위 × 0.5) − (300단위 × 0.6) = 720단위

해답 ④

02 (주)한국은 단일공정을 통해 단일제품을 생산하고 있으며, 선입선출법에 의한 종합원가계산을 적용하고 있다. 직접재료는 공정 초에 전량 투입되고, 가공원가는 공정 전반에 걸쳐 균등하게 발생한다. (주)한국의 20×1년 기초재공품은 10,000단위(가공원가 완성도 40%), 당기착수량은 30,000단위, 기말재공품은 8,000단위(가공원가 완성도 50%)이다. 기초재공품의 직접재료원가는 ₩170,000이고, 가공원가는 ₩72,000이며, 당기투입된 직접재료원가와 가공원가는 각각 ₩450,000과 ₩576,000이다. 완성품원가는? (단, 공손 및 감손은 발생하지 않는다)

① ₩192,000 ② ₩236,000
③ ₩390,000 ④ ₩1,055,600
⑤ ₩1,076,000

> 해설

(1) 자료 파악

기초재공품	10,000단위	재료원가	₩170,000	완성품	32,000단위	?
	(40%)	가공원가	₩72,000			
당기투입	30,000단위	재료원가	₩450,000			
		가공원가	₩576,000	기말재공품	8,000단위	?
					(50%)	
총원가			₩1,268,000	총원가		₩1,268,000

(2) 선입선출법 완성품환산량

재료원가	완성품수량 + 기말재공품수량 − 기초재공품수량 = 32,000단위 + 8,000단위 − 10,000단위 = 30,000단위
가공원가	완성품수량 + 기말재공품환산량 − 기초재공품환산량 = 32,000단위 + (8,000단위 × 0.5) − (10,000단위 × 0.4) = 32,000단위

(3) 선입선출법 완성품환산량 단위당 원가

재료원가	당기투입원가 ₩450,000 ÷ 완성품환산량 30,000단위 = ₩15
가공원가	당기투입원가 ₩576,000 ÷ 완성품환산량 32,000단위 = ₩18

(4) 총원가 배분

기말재공품	재료원가 = 8,000단위 × ₩15 = ₩120,000	₩192,000
	가공원가 = 8,000단위 × 0.5 × ₩18 = ₩72,000	
완성품	총원가 ₩1,268,000 − 기말재공품원가 ₩192,000 = ₩1,076,000	

해답 ⑤

03 (주)한국은 종합원가계산을 적용하고 있다. 직접재료원가는 공정 초에 전부 투입하고, 가공원가는 공정 중에 균등하게 발생한다. 다음 자료에 의하여 평균법에 따라 계산된 기말재공품원가는?

구분	수량	완성도	직접재료원가	가공원가
기초재공품	200개	30%	₩40,000	₩6,000
당기투입량	1,300개		₩260,000	₩119,000
기말재공품	500개	50%		

① ₩125,000 ② ₩150,000 ③ ₩175,000
④ ₩200,000 ⑤ ₩250,000

해설

(1) 자료 파악

기초재공품	200개 (30%)	재료원가 가공원가	₩40,000 ₩6,000	완성품	1,000개	?
당기투입	1,300개	재료원가 가공원가	₩260,000 ₩119,000	기말재공품	500개 (50%)	?
총원가			₩425,000	총원가		₩425,000

(2) 평균법 완성품환산량

재료원가	완성품수량 1,000개 + 기말재공품수량 500개 = 1,500개
가공원가	완성품수량 1,000개 + 기말재공품환산량 500개 × 0.5 = 1,250개

(3) 평균법 완성품환산량 단위당 원가

재료원가	총원가(₩40,000 + ₩260,000) ÷ 완성품환산량 1,500개 = ₩200
가공원가	총원가(₩6,000 + ₩119,000) ÷ 완성품환산량 1,250개 = ₩100

(4) 총원가 배분

기말재공품	재료원가 = 500개 × ₩200 = ₩100,000	₩125,000
	가공원가 = 500개 × 0.5 × ₩100 = ₩25,000	
완성품	총원가 ₩425,000 − 기말재공품원가 ₩125,000 = ₩300,000	

해답 ①

제4절 결합원가계산

선생님 TIP

결합원가 배분방법에 따라 각 제품에 배분되는 결합원가배분액과 특정제품의 매출총이익(매출액 − 배분된 결합원가 − 추가가공원가)의 계산문제 유형을 정리해야 한다.

(1) 결합원가계산은 동일한 원재료를 동일한 공정에 투입하여 여러 가지 제품(결합제품, 연산품)을 생산할 때 사용하는 원가계산방법이다.

(2) 결합원가를 적절한 배분기준에 의해 결합제품에 배분하는 것이 핵심절차이다.

✚ **결합원가**: 결합제품을 생산하는 공정에서 발생한 제조원가

제5절 결합원가의 배분

01 결합원가의 배분방법

⚡ **기출**

01 분리점에서 상대적 판매가치에 의해 결합원가를 배분하는 경우 특정제품의 매출총이익은 매출액에서 결합원가배분액과 (   )를 차감하여 계산한다. 제23회

물리적 기준법	분리점에서의 각 연산품의 물량(중량, 부피 등)을 기준으로 결합원가를 배분하는 방법 ✚ **분리점**: 개별제품으로 식별될 수 있는 시점
판매가치법	분리점에서의 개별제품의 판매가치를 기준으로 하여 결합원가를 배분하는 방법
순실현가치법	분리점 이후의 각 개별공정에서 추가가공을 할 경우에 순실현가치를 기준으로 결합원가를 배분하는 방법 순실현가치 = 최종판매가치 − 추가가공원가 − 판매비

02 결합원가의 계산절차

1단계	결합원가와 배분방법 파악
2단계	각 제품별 배분기준 계산
3단계	결합원가 배분
4단계	제품원가계산 = 배분된 결합원가 + 추가가공원가
5단계	단위당 원가계산 = 제품원가 ÷ 생산량

기출정답

01 추가가공원가

제3장 CVP분석

기본서 p.464~469

제1절 CVP분석의 정의와 기본가정

CVP분석(cost-volume-profit analysis, 원가-조업도-이익분석)이란 조업도의 변동이 원가나 이익에 미치는 영향을 분석하는 기법으로서 기업의 단기적 의사결정에 널리 이용된다.

제2절 계산방법 〔빈출〕

손익분기점 판매량	$= \dfrac{\text{고정원가}}{\text{단위당 공헌이익}} = \dfrac{FC}{P-V}$
손익분기점 매출액	$= \dfrac{\text{고정원가}}{\text{공헌이익률}} = \dfrac{FC}{1-\dfrac{V}{P}}$
목표이익 매출수량	$= \dfrac{\text{고정원가} + \text{목표이익}}{\text{단위당 공헌이익}} = \dfrac{FC+TP}{P-V}$
목표이익 매출액	$= \dfrac{\text{고정원가} + \text{목표이익}}{\text{공헌이익률}} = \dfrac{FC+TP}{1-\dfrac{V}{P}}$
세후목표이익 매출수량	$= \dfrac{\text{고정원가} + \text{세후목표이익} \div (1-\text{세율})}{\text{단위당 공헌이익}}$ $= \dfrac{FC + [TP \div (1-Tax)]}{P-V}$
세후목표이익 매출액	$= \dfrac{\text{고정원가} + \text{세후목표이익} \div (1-\text{세율})}{\text{공헌이익률}}$ $= \dfrac{FC + [TP \div (1-Tax)]}{1-\dfrac{V}{P}}$
안전한계	$=$ 매출액 $-$ 손익분기점 매출액
안전한계율(M/S비율)	$= \dfrac{\text{매출액} - \text{손익분기점 매출액}}{\text{매출액}}$

기출

01 '원가-조업도-이익분석'에서 고정판매비와 관리비도 (　　)원가에 포함된다. 제14회

02 손익분기점 판매량은 고정원가에 (　　)을 나누어 계산하고, 손익분기점 매출액은 고정원가에 (　　)을 나누어 계산한다. 제18회

03 안전한계율은 매출액에서 손익분기점 매출액을 차감한 안전한계를 (　　)으로 나눈 수치이다. 제24회

기출정답

01 고정
02 단위당 공헌이익, 공헌이익률
03 매출액

> **확인예제**

01 (주)한국의 20×1년 제품 A의 생산·판매와 관련된 자료는 다음과 같다.

• 단위당 판매가격	₩25
• 단위당 변동제조원가	₩10
• 단위당 변동판매관리비	₩5
• 연간 총고정제조간접원가	₩1,500
• 연간 총고정판매관리비	₩2,500

(주)한국의 손익분기점 판매량은?

① 100단위 ② 150단위
③ 250단위 ④ 350단위
⑤ 400단위

해설

손익분기점 판매량 = $\dfrac{\text{고정원가}}{\text{단위당 공헌이익}}$

(1) 손익분기점 판매량 = $\dfrac{₩4,000}{₩10}$ = 400단위

(2) 고정원가 = 총고정제조간접원가 ₩1,500 + 총고정판매관리비 ₩2,500 = ₩4,000
(3) 단위당 공헌이익 = 단위당 판매가격 ₩25 − 단위당 변동원가 ₩15 = ₩10
(4) 단위당 변동원가 = 변동제조원가 ₩10 + 변동판매관리비 ₩5 = ₩15

해답 ⑤

02 (주)한국은 신제품을 생산하여 판매할 계획인데, 신제품은 단위당 ₩50에 팔릴 것으로 예측되었다. 단위당 변동원가는 ₩30, 총고정원가가 ₩50,000이다. (주)한국이 ₩20,000의 이익을 달성하기 위한 매출액은?

① ₩165,000 ② ₩170,000
③ ₩175,000 ④ ₩180,000
⑤ ₩190,000

해설

손익분기점 매출액 = $\dfrac{\text{고정원가} + \text{목표이익}}{\text{공헌이익률}}$

(1) 목표이익 ₩20,000 달성 매출액 = $\dfrac{₩50,000 + ₩20,000}{0.4}$ = ₩175,000

(2) 공헌이익률 = 단위당 공헌이익 ₩20 ÷ 단위당 판매가격 ₩50 = 0.4
(3) 단위당 공헌이익 = 단위당 판매가격 ₩50 − 단위당 변동원가 ₩30 = ₩20

해답 ③

제4장 전부원가계산 및 변동원가계산

기본서 p.478~482

전부원가계산과 변동원가계산의 비교 ◀ 빈출

구분	전부원가계산	변동원가계산
계산목적	외부보고	내부보고
제품원가	직접재료원가 직접노무원가 변동제조간접원가 고정제조간접원가	직접재료원가 직접노무원가 변동제조간접원가 –
기간비용	– 변동판매비와 관리비 고정판매비와 관리비	고정제조간접원가 변동판매비와 관리비 고정판매비와 관리비
손익계산서 (I/S)	손익계산서(I/S) 　매출액 – 매출원가 　① 변동제조원가 　② 고정제조간접원가 = 매출총이익 – 판매관리비 　① 변동판매관리비 　② 고정판매관리비 = 영업이익	손익계산서(I/S) 　매출액 – 변동원가 　① 변동제조원가 　② 변동판매관리비 = 공헌이익 – 고정원가 　① 고정제조간접원가 　② 고정판매관리비 = 영업이익
이익비교	① 생산량 = 판매량(기초재고수량 = 기말재고수량) ⇨ 동일 ② 생산량 > 판매량(기초재고수량 < 기말재고수량) ⇨ 전부원가계산 이익이 큼 ③ 생산량 < 판매량(기초재고수량 > 기말재고수량) ⇨ 변동원가계산 이익이 큼	

선생님 TIP
전부원가계산과 변동원가계산의 영업이익차이가 주어지고 판매량을 역으로 계산하는 문제유형이 출제되고 있다.

⚡ 기출

01 변동원가계산에 의한 제품단위당 제조원가는 단위당 (　　)제조원가를 말하며, 변동제조원가는 직접재료원가, 직접노무원가 그리고 (　　)로 구성된다. 제16회

02 재고가 증가하는 경우 전부원가계산에 의한 영업이익과 변동원가계산에 의한 영업이익의 차이는 생산량과 판매량의 차이에 (　　)를 곱한 금액이다. 제19회

기출정답
01 변동, 변동제조간접원가
02 단위당 고정제조간접원가

> **암기 PLUS | 전부원가계산과 변동원가계산의 이익 차이**

1. 기초재고가 없는 경우 이익 차이: 전부원가계산 이익 > 변동원가계산 이익

$$\text{이익 차이} = \text{기말재고수량} \times ① \text{단위당 고정제조간접원가}$$
$$= (\text{생산량} - \text{판매량}) \times ① \text{단위당 고정제조간접원가}$$

➕ ① 단위당 고정제조간접원가 = $\dfrac{\text{총고정제조간접원가}}{\text{생산량}}$

2. 기초재고가 있는 경우 이익 차이(선입선출법 가정)

전부원가계산 이익 ( )	변동원가계산 이익 ( )
기초재고수량 × ① 전기 단위당 고정제간	기말재고수량 × ② 당기 단위당 고정제간

➕ ① 전기 단위당 고정제조간접원가 = $\dfrac{\text{전기 총고정제조간접원가}}{\text{전기 생산량}}$

② 당기 단위당 고정제조간접원가 = $\dfrac{\text{당기 총고정제조간접원가}}{\text{당기 생산량}}$

확인예제

(주)한국은 20×1년 1월 1일 영업을 개시하여 연간 총 1,000개의 제품을 생산하여 800개를 판매하였는데, 기말재공품은 없고 원가에 관한 자료는 다음과 같다.

구분	단위당 변동원가	고정원가
직접재료원가	₩40	-
직접노무원가	₩35	-
제조간접원가	₩25	₩60,000
판매관리비	₩20	₩70,000

전부원가계산에 의한 영업이익과 변동원가계산에 의한 영업이익의 차이는?

① ₩10,000
② ₩12,000
③ ₩14,000
④ ₩18,000
⑤ ₩20,000

해설

이익차이 = 기말재고에 포함된 고정제조간접원가 = (1,000개 - 800개) × ₩60* = ₩12,000
* 단위당 고정제조간접원가 = ₩60,000 ÷ 1,000개 = ₩60

해답 ②

제5장 표준원가계산

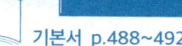
기본서 p.488~492

제1절 표준원가계산의 목적

① **신속·간편한 원가계산**
② **경영계획 수립**: 예산편성의 자료 제공
③ **원가의·통제·관리**: 차이분석을 통한 성과평가

제2절 표준원가계산 차이분석

01 기호의 정의

Q(Quantity)	직접재료원가	실제 생산량에 포함된 재료수량
	직접노무원가	실제 생산량에 포함된 노무시간
	제조간접원가	실제 생산량에 포함된 노무시간
P(Price)	직접재료원가	재료 1단위당 구입가격(단가)
	직접노무원가	노무 1시간당 임금(임률)
	제조간접원가	노무 1시간당 배부액(배부율)
A(Actual)	실제	
S(Standard)	표준	

02 AQ, SQ, AP, SP의 정의

구분	직접재료원가	직접노무원가	제조간접원가
AQ	실제 총생산제품에 포함된 실제 투입수량	실제 총생산제품에 포함된 실제 투입시간	실제 총생산제품에 포함된 실제 투입시간
SQ	실제 총생산제품에 허용되는 표준 투입수량	실제 총생산제품에 허용되는 표준 투입시간	실제 총생산제품에 허용되는 표준 투입시간
AP	단위당 실제구입가격	시간당 실제임률	시간당 실제배부율
SP	단위당 표준구입가격	시간당 표준임률	시간당 표준배부율

선생님 TIP

- 직접재료가 차이분석에서는 가격차이와 수량(능률)차이를 계산하는 문제와 차이분석 과정에서 실제사용량, 제품생산량, 수량표준 등 응용적인 계산 문제가 출제된다.
- 직접노무가 차이분석에서는 임률차이와 능률차이의 기본계산구조를 이해하고 차이분석 과정에서 표준임률, 허용된 표준직접노무시간 등 계산요소를 역으로 묻는 문제가 출제된다.

03 차이분석 빈출

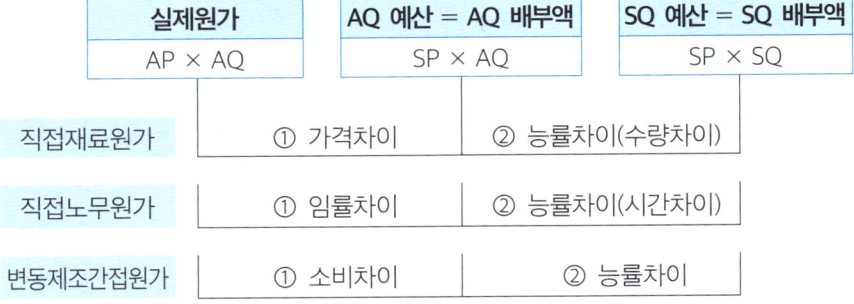

+ 직접재료원가 가격차이
  1. **구입가격차이**: AQ = 실제 구입수량
  2. **사용가격차이**: AQ = 실제 사용(투입)수량

⚡ 기출

01 예산차이 또는 소비차이는 (　) 발생한 고정제조간접원가와 기초에 설정한 고정제조간접원가 (　)의 차이를 말한다. 제18회

02 고정제조간접원가는 조업도의 변화에 따라 능률적으로 통제할 수 있는 원가가 아니므로 (　)차이를 계산하는 것은 무의미하다. 제18회

03 조업도차이는 기준조업도와 실제생산량이 달라져서 발생하는 것으로, 기준조업도 미만으로 실제조업을 한 경우에는 (　)한 조업도차이가 발생한다. 제18회

04 조업도차이는 (　)차이이므로 원가통제 목적상 중요한 의미를 갖지 않는다. 제18회

04 고정제조간접원가 차이분석 빈출

실제원가	AQ 예산 = SQ 예산	SQ 배부액
AP × AQ	SP × 기준조업도	SP × SQ

고정제조간접원가 ── ① 소비차이 ── ② 조업도차이

★ 암기 PLUS | SQ, SP의 계산

SQ	직접재료원가	= 실제 총제품생산량 × 단위당 표준투입수량
	직접노무원가	= 실제 총제품생산량 × 단위당 표준투입시간
	제조간접원가	= 실제 총제품생산량 × 단위당 표준투입시간
SP	직접재료원가	= $\dfrac{\text{직접재료원가 예산}}{\text{해당 조업도(재료수량)}}$
	직접노무원가	= $\dfrac{\text{직접노무원가 예산}}{\text{해당 조업도(시간)}}$
	변동제조간접원가	= $\dfrac{\text{변동제조간접원가 예산}}{\text{해당 조업도(시간)}}$
	고정제조간접원가	= $\dfrac{\text{고정제조간접원가 예산}}{\text{기준조업도(시간)}}$

기출정답
01 실제, 예산
02 능률
03 불리
04 통제불능

> 확인예제

01 (주)한국은 표준원가계산방법을 사용하고 있다. 직접재료원가의 제품 단위당 표준투입량은 2kg이고, 표준가격은 kg당 ₩100이다. 20×1년 6월에 제품 100개를 생산하기 위해 실제 투입된 재료량은 220kg이고, 실제 구입가격은 kg당 ₩90이었다. 6월의 직접재료원가의 가격차이와 능률차이는 각각 얼마인가?

	가격차이	능률차이
①	₩2,200(유리)	₩2,000(불리)
②	₩2,200(불리)	₩2,000(유리)
③	₩2,200(유리)	₩2,000(유리)
④	₩2,200(불리)	₩2,000(불리)
⑤	₩2,000(불리)	₩2,200(유리)

> 해설

직접재료원가 차이분석

④ SQ = 100개 × 2kg = 200kg

해답 ①

02 (주)한국은 표준원가계산제도를 채택하고 있으며, 20×1년도 직접노무원가와 관련된 자료는 다음과 같다. 20×1년도 실제 총직접노무원가는?

• 실제 생산량	100단위
• 직접노무원가 실제임률	시간당 ₩8
• 직접노무원가 표준임률	시간당 ₩10
• 실제 생산량에 허용된 표준직접작업시간	생산량 단위당 3시간
• 직접노무원가 임률차이	₩700(유리)
• 직접노무원가 능률차이	₩500(불리)

① ₩1,800　　② ₩2,500
③ ₩2,800　　④ ₩3,500
⑤ ₩4,200

해설
직접노무원가 차이분석

AQ × AP	AQ × SP	SQ × SP 300시간 ① × ₩10
₩2,800 ④	₩3,500 ③	= ₩3,000 ②

임률차이 ₩700(유리) 능률차이 ₩500(불리)

① SQ = 100단위 × 3시간 = 300시간

해답 ③

03 (주)한국은 표준원가계산을 채택하고 있으며, 직접노무시간을 기준으로 제조간접원가를 배부한다. 20×1년의 생산 및 원가자료가 다음과 같을 때, 변동제조간접원가 소비차이는?

- 변동제조간접원가 실제 발생액   ₩13,000
- 실제 총직접노무시간   800시간
- 당기제품생산량   360단위
- 제품당 표준직접노무시간   2시간
- 변동제조간접원가 능률차이   ₩800(불리)

① ₩2,500(유리) ② ₩2,500(불리)
③ ₩5,000(유리) ④ ₩5,000(불리)
⑤ ₩7,500(불리)

해설
변동제조간접원가 차이분석

AQ × AP	AQ × SP 800시간 × ₩10 ②	SQ × SP 720시간 ① × ₩10 ②
₩13,000	₩8,000 ③	₩7,200 ⑤

소비차이 ₩5,000(불리) ④   능률차이 ₩800(불리) ⑥

① SQ	= 360단위 × 2시간 = 720시간
② SP	능률차이 = (800시간 − 720시간) × SP(?) = ₩800(불리) ∴ SP = ₩10

해답 ④

제6장 특수의사결정회계

기본서 p.502~507

제1절 특별주문 수락 여부 결정 – 증분접근법 〈빈출〉

01 유휴생산능력이 있는 경우

특별주문을 수락하더라도 기존 설비능력만으로도 특별주문품의 생산이 가능하므로 기회비용이 발생하지 않는다. 따라서 특별주문으로 인하여 추가적으로 증가하는 원가만이 관련원가이므로 특별주문으로 인한 증분수익과 증분원가를 비교하여 의사결정한다.

(1) 유휴생산능력의 유무에 따라 관련 항목이 달라진다.

유휴생산능력이 충분	기회원가 없음
유휴생산능력이 부족	기회원가 있음(기존 판매기회 상실)

(2) 의사결정 기준과 의사결정

의사결정 기준	의사결정
증분수익 > 증분원가	특별주문 수락
증분수익 < 증분원가	특별주문 거절

02 유휴생산능력이 없는 경우

특별주문을 수락할 경우 기존 설비능력이 부족하기 때문에 특별주문으로 인한 기회비용이 발생하거나 추가적인 설비투자로 인하여 고정원가가 발생한다. 따라서 특별주문으로 인한 증분원가뿐만 아니라 기회비용도 같이 고려하여 의사결정을 해야 한다.

(1) 특별주문을 수락할 경우의 일반적인 관련 항목

증분이익	관련 항목	비고
+	특별주문 매출액	
−	특별주문 변동원가	① 증분지출원가 ② 고정원가는 증가 언급이 있을 경우만 고려

| | 기존 공헌이익의 감소 | 특별주문 수락시의 기회원가
(유휴생산능력이 없을 경우에만 발생) |

(2) 의사결정 기준과 의사결정

의사결정 기준	의사결정
증분수익 > 증분원가 + 기회비용	특별주문 수락
증분수익 < 증분원가 + 기회비용	특별주문 거절

03 특별주문을 수락할 수 있는 최소판매가격

$$\frac{증분지출원가}{특별주문수량} + \frac{기회원가}{특별주문수량}$$

확인예제

(주)한국의 최대 제품생산능력은 연 1,000개이고, 정규시장에서 연간 판매량은 900개이다. 단위당 판매가격은 ₩1,000이고, 단위당 변동원가는 ₩400이다. (주)한국은 (주)대한으로부터 제품 300개를 단위당 ₩900의 가격으로 구입하겠다는 특별주문을 받았다. (주)한국이 동 주문을 수락하면 단위당 변동판매관리비 ₩20이 절감되나, 단위당 포장비가 ₩30이 추가로 발생하며, 생산능력의 제약으로 기존 판매의 일부를 포기해야 한다. (주)한국이 동 주문을 수락할 경우 영업이익의 증감은? (단, 기초 및 기말재고자산은 없다)

① ₩24,000 증가 ② ₩24,000 감소
③ ₩27,000 증가 ④ ₩27,000 감소
⑤ 증감 없음

해설

특별주문 수락시 증분수익(= 판매금액: 300개 × ₩900)		₩270,000
- 특별주문 수락시 증분비용	① 변동원가: 300개 × ₩380 = ₩114,000 ② 포장비: 300개 × ₩30 = ₩9,000 ③ 기존 판매 감소에 따른 기회비용(공헌이익): 　200개 × (₩1,000 - ₩400) = ₩120,000	₩243,000
= 특별주문 수락시 증분손익		+ ₩27,000

해답 ③

제2절 자가제조 또는 외부구입 여부 결정 – 증분접근법

01 자가제조 또는 외부구입의 일반적인 관련 항목 〈빈출〉

증분손익	관련 항목	비고
증분수익	회피 가능한 자가제조원가 감소	① 변동제조원가는 전액 회피 가능 ② 고정제조간접원가는 감소 언급이 있는 것만 회피 가능
	(유휴설비 대체용도에 활용) 수익 증가(원가 감소)	자가제조하는 경우 기회원가
증분비용	외부구입원가 증가	

02 의사결정 기준과 의사결정

의사결정 기준	의사결정
외부구입원가 > 회피가능원가 + 기회원가	자가제조
외부구입원가 < 회피가능원가 + 기회원가	외부구입

> **확인예제**
>
> (주)한국은 완제품 생산에 필요한 A부품을 매월 500단위씩 자가제조하고 있다. 그런데 타 회사에서 매월 A부품 500단위를 단위당 ₩100에 납품하겠다고 제의하였다. A부품을 자가제조할 경우 변동제조원가는 단위당 ₩70이고, 월간 고정제조간접원가 총액은 ₩50,000이다. 만약 A부품을 외부구입하면 변동제조원가는 발생하지 않으며, 월간 고정제조간접원가의 40%를 절감할 수 있다. A부품을 외부구입함으로써 매월 ₩10,000의 이익을 얻고자 한다면, 여유설비의 월 임대료를 얼마로 책정해야 하는가?
>
> ① ₩5,000　　　② ₩6,000　　　③ ₩7,000
> ④ ₩8,000　　　⑤ ₩10,000
>
> **해설**
>
> | | | |
> |---|---|---|
> | 외부구입시 증분수익 | ① 변동원가 감소 = 500단위 × ₩70 = ₩35,000
② 고정원가 감소 = ₩50,000 × 40% = ₩20,000
③ 임대수익(?) | ₩60,000 |
> | − 외부구입시 증분비용 | 외부구입원가 = 500단위 × ₩100 | ₩50,000 |
> | = 외부구입시 증분손익 | | + ₩10,000 |
>
> ∴ 임대수익 = ₩60,000 − ₩35,000 − ₩20,000 = ₩5,000
>
> 해답 ①

제3절   제품라인의 유지 또는 폐지

01 손실이 발생하는 특정제품의 생산중단 여부 의사결정

증분이익	관련 항목	비고
+	회피 가능한 원가 감소	① 변동원가는 전액 회피 가능 ② 고정원가는 감소 언급이 있는 것만 회피 가능
+	(유휴설비 대체용도에 활용) 수익 증가(원가 감소)	생산라인 유지시의 기회원가
+	대체재 공헌이익 증가	
−	폐지제품 매출액 감소	

02 의사결정 기준과 의사결정

의사결정 기준	의사결정
제품라인의 공헌이익 > 회피가능고정원가 + 기회원가	제품라인 유지
제품라인의 공헌이익 < 회피가능고정원가 + 기회원가	제품라인 폐지

제4절   결합제품 추가가공 여부 결정 − 증분접근법

(1) 추가가공 후 판매시 증분수익

$$\text{최종 판매금액} - \text{분리점 판매금액}$$

(2) 추가가공 후 판매시 증분비용

① 추가가공원가
② 추가판매비

(3) 추가가공 후 판매시 증분손익[= (1) − (2)]

(4) 의사결정

증분이익(증분수익 > 증분비용)	추가가공 ○
증분손실(증분수익 < 증분비용)	추가가공 ×

제5절 예산회계 〈빈출〉

(1) 제조예산

> 제조예산(목표생산량) = 예상판매량 + 기말 목표재고량 − 기초 실제재고량

(2) 원재료 구매예산

> - 원재료 구매량 = 생산에 필요한 원재료사용량 + 기말 목표 원재료재고량 − 기초 원재료재고량
> - 총구매예산액 = 원재료구매량 × 원재료 단위당 구매가격

✚ 제조예산의 생산량을 계산한 후에 사용량을 계산한다.

(3) 현금예산

> 현금유입액 = (당월매출액 × 회수율) + (전월매출액 × 회수율)

확인예제

(주)한국의 3월과 4월의 매출은 다음과 같다.

구분	매출액
3월	₩800,000
4월	₩700,000

매출은 모두 외상으로 이루어지며, 매출채권은 판매한 달에 80%, 그 다음 달에 20%가 현금으로 회수된다. (주)한국의 4월 현금유입액은?

① ₩450,000
② ₩540,000
③ ₩600,000
④ ₩720,000
⑤ ₩800,000

해설

구분	3월 현금유입액	4월 현금유입액
3월 매출액 ₩800,000	₩640,000(= ₩800,000 × 80%)	₩160,000(= ₩800,000 × 20%)
4월 매출액 ₩700,000	−	₩560,000(= ₩700,000 × 80%)
합계	₩640,000	₩720,000

해답 ④

해커스 주택관리사

주택관리사 1위 해커스
한경비즈니스 선정 2020 한국품질만족도 교육(온·오프라인 주택관리사) 부문 1위 해커스

해커스 합격 선배들의
생생한 합격 후기!

전국 최고 점수로 8개월 초단기합격
해커스 커리큘럼을 똑같이 따라가면 자동으로 반복학습을 하게 되는데요. 그러면서 자신의 **부족함을 캐치하고 보완**할 수 있었습니다. 또한 해커스 무료 **모의고사로 실전 경험을 쌓는** 것이 많은 도움이 되었습니다.

전국 수석합격생
최*석 님

해커스는 교재가 **단원별로 핵심 요약정리**가 참 잘되어 있습니다. 또한 커리큘럼도 매우 좋았고, 교수님들의 강의가 제가 생각할 때는 **국보급 강의**였습니다. 교수님들이 시키는 대로, 강의가 진행되는 대로만 공부했더니 고득점이 나왔습니다. 한 2~3개월 정도만 들어보면, 여러분들도 충분히 고득점을 맞을 수 있는 실력을 갖추게 될 거라고 판단됩니다.

해커스 합격생
권*섭 님

해커스는 주택관리사 커리큘럼이 되게 잘 되어있습니다. 저같이 처음 공부하시는 분들도 입문과정, 기본과정, 심화과정, 모의고사, 마무리 특강까지 이렇게 최소 5회독 반복하시면 처음에 몰랐던 것도 알 수 있을 것입니다. 모의고사와 기출문제 풀이가 도움이 많이 되었는데, **실전 모의고사를 실제 시험 보듯이 시간을 맞춰 연습하니 실전에서 도움이 많이 되었습니다.**

해커스 합격생
전*미 님

해커스 주택관리사가 **기본 강의와 교재가 매우 잘되어 있다고 생각**했습니다. 가장 좋았던 점은 가장 기본인 기본서를 뽑고 싶습니다. 다른 학원의 기본서는 너무 어렵고 복잡했는데, 그런 부분을 다 빼고 **엑기스만 들어있어 좋았고** 교수님의 강의를 충실히 따라가니 공부하는 데 큰 어려움이 없었습니다.

해커스 합격생
김*수 님

1588.2332

house.Hackers.com

해커스 주택관리사

주택관리사 1위 해커스
한경비즈니스 선정 2020 한국품질만족도 교육(온·오프라인 주택관리사) 부문 1위 해커스

해커스 주택관리사
100% 환급 + 평생수강반

합격할 때까지 최신강의 평생 무제한 수강!

**2026년까지 최종 합격하면
수강료 100% 환급**

* 최종합격+수기 작성시, 제세공과금 본인부담,
  교재비 환급대상 제외, 유의사항 필독

**최신인강
평생 무제한 수강**

* 매년 연장 미션 성공 시 1년씩 연장

**최신 교재
22권 모두 제공!**

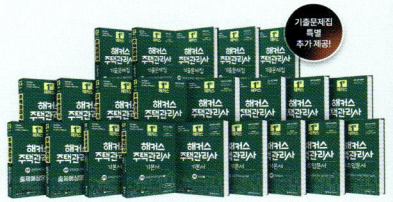

기출문제집 특별 추가 제공!

저는 해커스를 통해 공인중개사와 주택관리사 모두 합격했습니다.
해커스 환급반을 통해 공인중개사 합격 후 환급받았고,
환급받은 돈으로 해커스 주택관리사 공부를 시작해서
또 한번 합격할 수 있었습니다.

해커스 합격생 박*후 님

지금 등록 시
수강료 파격 지원

최신 교재 받고
합격할 때까지 최신인강
평생 무제한 수강 ▶

*상품 구성 및 혜택은 추후 변동 가능성 있습니다. 상품에 대한 자세한 정보는 이벤트 페이지에서 확인하실 수 있습니다.

1588.2332　　　　　　　　　　　　　　　　　　　　　　　　**house.Hackers.com**